Martina Weber

Wie hochsensible Kinder zu starken Persönlichkeiten werden

Der Erziehungsratgeber für Hochsensibilität bei Kindern

Wie Sie gefühlsstarke Kinder besser verstehen und ihr Selbstbewusstsein stärken

INHALT

Das erwartet Sie in diesem Buch

Sind Sie gerade Eltern geworden und mussten mit der Zeit feststellen, dass Ihr Kind sich deutlich von anderen Kindern unterscheidet? Dass es einfach anders ist als die meisten Kinder? Weil es z. B. in seiner Sinneswahrnehmung deutlich präziser ist als andere? Das kann schon im Säuglingsalter auffallen, wenn das Baby z. B. auf laute Geräusche besonders empfindlich reagiert.

Oder haben Sie seit einigen Jahren die Erkenntnis und Bestätigung, dass Ihr Kind hochsensibel ist? Und Sie sind nun auf der Suche nach Mitteln und Wegen, um es unterstützen zu können?

Ganz gleich, ob Sie es nur vermuten oder schon wissen. In diesem Ratgeber werden Sie darüber aufgeklärt, was Hochsensibilität ist. Es wird auch unterschieden, ob es sich um introvertierte oder extravertierte Hochsensibilität handelt. Dabei wird auf das Sensation Seeking und die Scanner-Persönlichkeit eingegangen. Dann wird erläutert, was genau hochsensible Kinder sind. Sie sollen erfahren, wie sich die Hochsensibilität in verschiedenen Altersstufen äußert. Hierunter fallen auch Erklärungen dazu, warum Kinder keine Verneinungen verstehen und warum das Thema Kleidung bei Hochsensiblen ein Dauerbrenner ist. Sie werden lernen, wie Sie die Hochsensibilität bei Ihrem Kind erkennen und wo Sie professionelle Tests diesbezüglich durchführen lassen können.

Es wird ein Kapitel folgen, in welchem Sie die Möglichkeit erhalten sollen, besser in die Welt Ihres hochsensiblen Kindes einzutauchen. Im Zuge dessen sollen Sie sowohl die guten als auch die Schattenseiten der Hochsensibilität nochmals komprimiert im Überblick aufgezeigt bekommen. Schließlich folgt dann noch einmal ein Kapitel, auf das Sie wahrscheinlich am längsten gewartet haben. Mit Übungen können Sie Ihrem Kind am besten dabei helfen, mit seiner Hochsensibilität zurechtzukommen. Allerdings werden Sie von Anfang an in diesem Ratgeber immer wieder Tipps erhalten, die Sie in den Alltag einfließen lassen können.

Sie werden dann auch sensibilisiert, möglichst gewaltfrei mit Ihrem hochsensiblen Kind zu kommunizieren. Dann erhalten Sie noch Tipps für den Umgang mit sich selbst, die Sie Ihrem Kind nahelegen sollten.

Wussten Sie übrigens, dass Hochsensibilität vererbbar ist? Vielleicht ist Ihr Kind ja nicht allein damit und Sie sind selbst auch hochsensibel und wussten es bisher gar nicht. Deshalb sollen Sie zum Ende des Ratgebers noch die Möglichkeit erhalten, einen Test zu machen, um festzustellen, ob Sie selbst vielleicht auch hochsensibel sind, dies aber bisher bei Ihnen noch nicht entdeckt wurde.

Viel Spaß beim Lesen!

Was ist Hochsensibilität?

Die Pionierin in der Forschung um Hochsensibilität Elaine Aron definiert diese anhand von vier Kriterien. Wenn ein Kind diese erfüllt, gilt es als hochsensibel. Es muss sich also um ein Kind handeln, das eine gründliche sowie komplexe Informationsverarbeitung hat. Das heißt, dass Wahrnehmungen und Erlebnisse differenziert begriffen und sorgfältig verdaut werden müssen.

Außerdem muss eine Übererregbarkeit vorliegen. Hierunter ist zu verstehen, dass Wahrnehmungen und Reize ungefiltert auf das Kind einstürzen, wodurch das Nervensystem des Kindes sehr angespannt ist. Die sensorischen Empfindungen müssen als drittes Kriterium stärker sein als bei anderen Kindern. Damit gemeint ist eine jeweils starke Reaktion auf Töne, Gerüche, Geschmäcker, Geräusche und Berührungen sowie visuelle Reize.

Das Kriterium gilt aber auch als erfüllt, wenn nur einzelne dieser Sinne verstärkt empfunden werden. Das letzte Kriterium umfasst die emotionale Intensität des Kindes, also das intensive Erleben jeder Situation. Sowohl gute als auch schwierige Situationen werden hierbei gleichermaßen durchdringend durchgestanden. Diese Merkmale zeigen sich dann im Alltag unter anderem anhand einer sehr schmalen Komfortzone, innerhalb derer es dem Kind gut geht. Es hat schnell von allem genug, weil es sich überreizt fühlt. Außerdem hallen einem hochsensiblen Kind seine Erlebnisse sehr lange nach, sodass es sehr schlecht abschließen kann und immer wieder darüber reden will.

In den meisten Fällen ist Hochsensibilität als Temperamentsmerkmal angeboren und zeigt sich daher von Anfang an, wenn das Kind noch sehr klein ist. Es kann auch vorkommen, dass Erwachsene auf einmal hochsensibel werden, dann liegt aber in der Regel als Auslöser ein Trauma vor. Leider werden ADHS und Hochsensibilität oft von Menschen gleichgesetzt, die sich damit nicht auskennen und fälschlich vom einen auf das andere schließen. Hochsensibilität und ADHS haben aber nur eine Gemeinsamkeit. Bei der Stoffwechselstörung ADHS haben die Kinder grundsätzlich ein großes Problem damit, sich konzentrieren zu können. Das kann bei hochsensiblen Kindern zwar auch vorkommen, wenn sie reizüberflutet sind, in der Regel haben sie aber keine Probleme mit der Konzentration und finden schnell in einen sogenannten Flow, wenn sie dabei sind, an etwas zu arbeiten, das ihnen großen Spaß bereitet.

Wer hochsensibel oder auch hochsensitiv ist, nimmt viel mehr Reize und Informationen wahr, als es bei anderen Menschen üblicherweise der Fall ist. Die Reize werden vor allen Dingen intensiver verarbeitet als beim Rest der Menschheit. Nach aktuellen wissenschaftlichen Erkenntnissen sind etwa fünfzehn Prozent der Kinder hochsensibel. Dabei spielen weder das Geschlecht noch die Herkunft, Kultur oder der soziale Status eine Rolle. Jungen und Mädchen sind im gleichen Maße davon betroffen.

Tatsächlich ist Hochsensibilität sogar vererbbar. Es handelt sich hierbei keinesfalls um eine Krankheit oder eine Störung, sondern lediglich um eine Disposition, die sozusagen eine nützliche und interessante Variation des neuronalen Systems darstellt. Ein Filtersystem speziell strukturierter Art ist dafür verantwortlich. Denn seine Ausrichtung beruht darauf, möglichst viele Reize aufnehmen zu können und diese intensiv zu verarbeiten, damit im Anschluss innovative und komplexe Lösungen oder Konzepte für eine mögliche Lösung entworfen werden können.

Hochsensibilität ist kein organisches Problem. Die Sinnesorgane hochsensibler Menschen und Kinder unterscheiden sich nicht von denen normal sensibler Menschen. Die hochsensiblen Kinder verarbeiten nur die Sinneseindrücke ganz anders als die normal sensiblen. Bestimmte Tonfrequenzen können bei ihnen zu Kopfschmerzen führen und eine Naht im Socken kann schnell zur Qual werden. Hochsensible Kinder spüren jeden noch so kleinen Krümel im Bett. Wenn das Kind introvertiert und hochsensibel ist, neigt es dazu, Dinge erst einmal zu beobachten, sich über alles und jeden viele Gedanken zu machen und daraus dann später Rückschlüsse zu ziehen. Es gibt aber auch extravertierte hochsensible Kinder. Da diese Kinder nach einem

Tag in der Kita oder der Schule zumeist sehr erschöpft sind, benötigen sie nicht viele weitere Aktivitäten. Das sollten Sie als Eltern dann akzeptieren und auch nicht versuchen, etwas zu erzwingen, da Sie sonst schnell eine Überstimulation herbeiführen können. Auch später noch, wenn das Kind älter ist und ein Hobby finden will, brauchen Sie viel Geduld. Denn es wird sich sehr viele Gedanken zu seinen Interessen machen, die oft in einer Vielzahl vorhanden sind.

Aus der Hochsensibilität ergeben sich primäre Bedürfnisse. Diese bilden sich aus der Veranlagung an sich. Hierzu zählen eine sehr detaillierte allgemeine Wahrnehmung und die intensive Wahrnehmung sensorischer Reize, Schwingungen und Stimmungen im menschlichen und technischen Bereich. Außerdem können Betroffene sehr komplex denken und handeln, sind sehr kreativ, haben eine starke innere Verarbeitung und sind meistens sehr intelligent, wenn nicht sogar hochbegabt. Ihr Gerechtigkeitssinn ist sehr ausgeprägt, sie haben einen sehr starken Hang zur Perfektion und ein tiefes Bedürfnis nach einer Sinnhaftigkeit des eigenen Handelns und der durchlebten Situationen.

Die Intuition dieser Menschen ist meistens sehr gut ausgeprägt, sie können achtsam kommunizieren und haben ein großes Bedürfnis nach Harmonie. Sie sind zudem sehr verantwortungsbewusst, haben einen Blick für Zusammenhänge und schauen weit in die Zukunft voraus. Des Weiteren orientieren sie sich stärker an Kooperationen als an Konkurrenz. Findet das Phänomen der Hochsensibilität zu wenig Berücksichtigung, können sich sekundäre Merkmale der Disposition herausbilden.

Dazu gehören eine leichte Ablenkbarkeit, die schnelle Überregung und die Neigung, sich zurückzuziehen. Außerdem sind Betroffene oft unsicher, haben lieber wenige und dafür gute Freunde und neigen zu Phobien und allgemeiner Ängstlichkeit. Oft sind sie auch psychisch schneller labil als andere Menschen. Eine körperliche Empfindsamkeit auf Nahrungszusatzstoffe, Medikamente und sonstige Reize kann ebenfalls vorkommen. Hierzu zählen auch Infekte, Allergien und Hautbeschwerden, da Hochsensible sprichwörtlich eine dünne Haut haben.

Eine Untergruppe hochsensibler Personen stellen die sogenannten High Sensation Seeker, kurz HSS, mit rund dreißig Prozent der Hochsensiblen dar. Diese Menschen werden auch die extravertierten Hochsensiblen genannt.

Sie sind im Gegensatz zur Hauptgruppe anfänglich nicht schüchtern und zurückhaltend und wirken auch nicht so empfindsam. Stattdessen präsentieren sie sich neugierig, gesellig und nach außen gewandt. Sie gehen durchaus auch mal ein Risiko ein, wobei sie das sehr bedacht tun und jedmögliche Sicherheitsfrage sehr gut überprüfen. In einer Kultur, die sehr auf Aktivitäten ausgerichtet ist und sich daran orientiert, fällt diese Untergruppe der Hochsensiblen kaum auf. Erkannt werden können sie dennoch an schneller Überreizung oder Erschöpfung oder dem Anzeigen von Achtsamkeit und Vorsicht trotz ihrer Neugierde und Agilität.

Extravertierte Hochsensible haben vielseitige Interessen, sind gesellig und sehr gesprächig, haben viele Kontakte und auch viele Freunde. Sie können sowohl begeistern als sich auch begeistern lassen und sind für Neues stets offen. Hierzu zählen alle unbekannten Anregungen und Eindrücke. Gegenüber einer Menschenmenge ist die Toleranz sehr hoch. Sie lieben es, im Mittelpunkt einer Situation zu stehen oder Chaos zu stiften. Von Routinen oder einfachen Abläufen sind sie sehr schnell gelangweilt. Was sie gar nicht mögen, ist Warten. Außerdem sind sie oft unruhig und überfordern sich selbst. Für ihre Mitmenschen ist es oft nicht nachvollziehbar, dass sie sich scheinbar plötzlich zurückziehen wollen.

An dieser Stelle ist es wichtig, zu wissen und zu verstehen, dass ein HSS sich ständig zwischen Aktivität und Rückzug befindet. Denn beide Seiten sind stark ausgeprägt, wodurch sie nicht selten in Konflikt miteinander stehen. Das ist so zu begründen, dass extravertierte Hochsensible eigentlich keine extravertierten Menschen sind, sondern sowohl extravertiert als auch introvertiert. Sie schwanken daher oft zwischen den Phasen der Extravertiertheit und des Rückzugs. Fragen wie: „Gehe ich heute auf eine Party oder doch lieber alleine spazieren?“ sind daher an der Tagesordnung. Wenn die beiden Systeme der Extravertiertheit und der Introvertiertheit so stark ausgeprägt sind, erscheinen die Betroffenen ihrem Umfeld oft als impulsiv und sprunghaft. Sie werden als Menschen wahrgenommen, die Dinge anpacken und zugleich wieder hinwerfen, wodurch sie ihre Mitmenschen oft verwirren. In extremen Fällen kann auch der Eindruck einer gespaltenen Persönlichkeit entstehen.

In Verbindung mit Extraversion ist die Hochsensibilität meist mit einem sehr anstrengenden und bewegten Leben verbunden. Hinzu kommt eine weitere Herausforderung, deren Auswirkungen auch nicht zu unterschätzen sind. Denn extravertierte Hochsensible finden sich in einem System wieder, in dem Aktivität höher bewertet wird als Rückzug und Ruhe. Zur inneren Zerrissenheit, der die Betroffenen also ohnehin schon ausgesetzt sind, kommt also auch der kulturelle Konflikt hinzu. Daher entscheiden sich die meisten Betroffenen auch oft dafür, im Zweifelsfall die sozial anerkannte Seite zu zeigen. Dadurch laufen sie allerdings schnell Gefahr, in ein Burnout zu geraten. Das liegt daran, dass die aktive Seite dieser Menschen die Angebote eines aktiven Lebens sehr attraktiv findet. Somit sind die anfänglichen Signale eines Burnouts nur schwer auszumachen und wenn dann die endgültige Erschöpfung auftritt, ist es meistens schon zu spät.

Bei Menschen, die dazu neigen, sich wie ein HSS zu fühlen, muss diese Disposition aber nicht immer die Ursache ihres Empfindens sein. Denn es gibt auch andere Faktoren, die ein solches Empfinden und Verhalten erklären können.

Wenn man von einer Veranlagung spricht, ist damit etwas genetisch Bedingtes gemeint, das in der Regel stabil im Auftreten ist. Sie zeigt sich dann bereits in der Kindheit auf bestimmte Art und Weise und ändert sich auch nicht mehr grundlegend, wenn man erwachsen ist. Zu den biologischen Veranlagungen bei Menschen gehören die Augen- und die Haarfarbe, die Körpergröße und das Geschlecht etc. Wer eine Veranlagung hat, kann diese leben, muss es aber nicht. Wird eine solche Disposition aber langfristig unterdrückt, kann dies zu Unwohlsein oder Ähnlichem führen.

Bei Persönlichkeitsmerkmalen hingegen wird zwischen genetischen und prägungsbedingten unterschieden. Das Auftreten ist dann variabel im Vergleich zu einer Veranlagung. Das heißt, in der Kindheit kann ein Persönlichkeitsmerkmal in der einen Richtung ausgeprägt sein, im Erwachsenenalter dann in einer anderen.

Wer wirklich hochsensibel ist, der hat diese Veranlagung. Es handelt sich hierbei nicht um ein Persönlichkeitsmerkmal. Die Unterform der extravertierten Hochsensibilität wird oft mit der Extraversion an sich verwechselt. Das Sensation Seeking ist im Vergleich zur Extraversion aber physikalisch begründet, denn es steht im Zusammenhang mit der Hormonausschüttung von Dopamin. Der Stimulations- und Erregungszustand wird also dadurch herbeigeführt. Die normale Extraversion stellt dagegen eine Art der Verarbeitung der Realität dar, die von der jeweiligen sozialen Interaktion abhängig ist. Es ist also individuell verschieden, wie mit Belangen aus dem Leben umgegangen wird. Neue Situationen, Stress und Disziplin werden von jedem anders praktiziert und jeder geht verschieden damit um, da ja auch die Belastungsgrenzen unterschiedlich hoch sind.

Menschen, die schnell gelangweilt sind, weil ihr initiales Erregungsniveau sehr gering ist, können dieses über anregende Außenaktivitäten anheben. Hochsensible haben ein relativ hohes inneres Erregungsniveau, weshalb sie weniger Außenaktivitäten benötigen, um sich stimuliert zu fühlen.

Sensation Seeker werden gerne als überaktiv und nonkonformistisch beschrieben, da sie nur eine geringe Selbstkontrolle haben. Außerdem werden sie schnell als Menschen mit antisozialem Verhalten abgestempelt. Tatsächlich geht bei den echten Sensation Seekern eine negative Korrelation zwischen Risiko und Angst einher. Das bedeutet, dass sie umso weniger Angst haben, je höher das Risiko ist, welches sie eingehen. Die zentralen Merkmale solcher Menschen sind Neugierde, die Suche nach neuen Erfahrungen, die gemacht werden können, die Vermeidung von Langeweile,

Impulsivität und das Eingehen von Risiken ohne jegliche Rücksicht auf mögliche Konsequenzen.

Daraus ergeben sich folgende Schlüsse: Jeder Mensch muss neugierig sein, um seinen Aktions- und Bezugsradius erweitern zu können. Deshalb erforschen bereits Kleinkinder krabbelnd ihre Umgebung. Die Hochsensiblen haben aber neben der Neugierde auch das Bedürfnis, alles bis zu einem gewissen Grad zu erforschen, weil sie Feinheiten und Details vor anderen Menschen bemerken.

Sensation Seeker sind dagegen bereit, neue Empfindungen zu erkunden und Erfahrungen zu machen, die sie bisher noch nicht gemacht haben. Ihr Forschertrieb ist also noch ausgeprägter als bei den Hochsensiblen. Diese sind zwar auch auf der Suche, neue Erfahrungen machen zu können, verfolgen dieses Bestreben aber deutlich weniger intensiv als die Sensation Seeker. Das deckt sich auch mit dem Verständnis, das wir von Extraversion haben.

Das Vermeiden vom Aufkommen der Langeweile kann eine Motivation dafür darstellen, nach außen hin agiler zu sein. Denn das hochsensible System ist eben auch für ein hohes Maß an Informationen ausgelegt, die es zu verarbeiten gilt. Fehlen diese Informationen und es kommt Langeweile oder Unterforderung auf, kann dies schnell als sehr unangenehm empfunden werden, weshalb Betroffene gerne versuchen, diesen Zustand zu vermeiden. Von der Bereitschaft, Risiken einzugehen, ohne auf die Konsequenzen Rücksicht zu nehmen, geht auch eine gewisse Gefahr aus. Denn hier können waghalsige Aktivitäten angestrebt werden.

Eine hemmende Wirkung durch negative Auswirkungen in wirtschaftlichen oder sozialen Bereichen wird nicht erzielt. Mit der Impulsivität geht einher, dass die Betroffenen spontan und oft unbedacht agieren und reagieren. Außenstehende können das schnell als störend oder unangemessen empfinden. Die positive Seite dieser Eigenschaft ist aber die Fähigkeit, schnell in akuten Reaktionen reagieren zu können, wodurch eine Lösung oder Veränderung zügig erzielt werden kann. Echte Sensation Seeker können als Menschen beschrieben werden, die sich an einem Gummiseil befestigt von einem hundert Meter hohen Turm stürzen und auf der Autobahn kein waghalsiges Manöver auslassen. Alles, was keine Gefahr birgt, scheint sie zu langweilen. Sensation Seeking kann das Persönlichkeitsmerkmal darstellen, das sich dadurch kennzeichnet, dass man immer auf der Suche nach neuartigen, vielfältigen und komplexen sowie intensiven Erfahrungen und Empfindungen ist. Damit einher geht die Bereitschaft dafür, soziale, physische, finanzielle und rechtliche Risiken einzugehen. Kurz und knapp geht es einfach um die Suche nach dem Kick.

Diese Definition muss aber nicht zwangsläufig auf extravertierte Hochsensible zutreffen. Denn diese sind ja, wie wir bereits wissen, eher so gepolt, dass sie Risiken nur dann eingehen, wenn sie Vorsichtsmaßnahmen diesbezüglich getroffen haben.

Es wird also erkennbar, dass der Begriff des Sensation Seekings im Laufe seiner Erforschung aufgeweicht worden ist. Das liegt daran, dass das Merkmal mehrere Phasen durchlaufen hat, in denen kulturelle und soziale Komponenten, physiologische Aspekte, situative Kontexte und individuelle Erregungsniveaus als beeinflussende Faktoren untersucht worden sind. Es ist also schwierig geworden, das Verhaltens- und Erlebensmuster der Sensation Seeker von Extraversion oder Offenheit abzugrenzen. Folglich können einzelne Merkmale, die mit Sensation Seeking verbunden werden, in verschiedenen Skalen gemessen werden.

Dadurch ist es aber nicht immer eindeutig möglich, Extraversion und Sensation Seeking zu differenzieren. Deshalb geht der Trend in der Forschung nun wieder in die Richtung, stärker auf die ursprüngliche Definition zurückzukommen. Der Sensation Seeker wird also wieder mit Waghalsigkeit und Risikofreude gleichgesetzt. Dadurch kann eine Differenzierung stattfinden, denn extravertierte Hochsensible könnten sich mit dieser Definition nicht identifizieren.

Wer sich dagegen extravertiert verhält, ohne ein Sensation Seeker zu sein, kann dafür andere Ursachen finden. Dann können Hinweise auf andere Wesensmerkmale, die typisch sind, oder Verletzungen psychischer Art in Betracht gezogen werden. Durch diese Option kann betroffenen extravertierten Hochsensiblen ein breites Verständnis und eine Vielzahl an Methoden in der therapeutischen Begleitung und Unterstützung entgegengebracht werden.

EXTRAVERSION GESONDERT BETRACHTEN

Wie bereits im letzten Kapitel angedeutet, ist es zwingend notwendig, das Thema Extraversion in Verbindung mit Hochsensibilität genauer zu betrachten. Wenn man diesen Begriff genau definieren will, orientiert man sich an der Beschreibung von Jung, die er 1921 zum ersten Mal abgegeben hat. Demnach enthält Extraversion sowohl das introvertierte (verstärkter Rückzug) als auch das extravertierte Verhalten eines Menschen. Niemand ist also nur extravertiert oder introvertiert, sondern beides ist bei allen Menschen vorhanden und jeder bewegt sich individuell zwischen beiden Polen. Das lässt sich gut mit dem Hören vergleichen.

Das eine Extrem wäre die Hellhörigkeit, das andere die Taubheit. Bei der Extraversion bewegt sich jeder Mensch im Rahmen seines Stimulations- bzw. Erregungsbedürfnisses. Konkret heißt das, das Gehirn verfügt über wenig Anregung von innen heraus und sucht diese deshalb im Außen. Bei der Introversion kommt genau das Gegenteil zum Tragen. Hier hat das Gehirn ausreichend innere Anregungen und wendet sich deshalb deutlich weniger an das Außen. Dieses unterschiedliche Bedürfnis nach Stimulation ist typabhängig und beruht nicht etwa auf einer Belastung traumatischer Art.

Geht man also von der Definition der Introversion aus, kann niemand gleichzeitig stark extrovertiert als auch introvertiert sein. Im Normalfall hat jeder Organismus das Bestreben, sich zwischen diesen beiden extremen Polen einzupendeln. Das verfolgt den Zweck, Extremzustände zu umgehen, die dem Organismus nur viel Energie rauben würden. Aber das heißt natürlich nicht, dass es nicht Phasen im Leben gibt, in denen man stärker in eine der Richtungen tendiert. Bei den meisten Menschen stellt sich irgendwann eine stabile Tendenz ein, in der sie kategorisiert werden können. Es gibt also sowohl introvertierte als auch extravertierte Menschen und solche in der Mitte beider Pole. Es soll nun noch einmal betont werden, warum das Phänomen des Sensation Seekings nicht mit Extraversion verwechselt werden darf. Extraversion definiert sich nämlich anhand der Neigung, gesellig zu sein, optimistisch zu sein und Freude an Aktionen zu haben, die so weit gehen kann, dass eine Offenheit für Risiken besteht. Introversion steht für die Neigung, sich zurückzuziehen und allgemein zurückhaltend zu sein. Extravertierte sind offen für neue Erfahrungen und zeigen Interesse daran, sie sind wissbegierig und aufgeschlossen. Sie zeichnen sich zudem dadurch aus, dass sie sehr verträglich sind.

Das kann anhand des Maßes der Bereitschaft zur Kooperation gemessen werden, aber auch anhand dessen, wie rücksichtsvoll jemand ist, ob er zu Altruismus neigt und wie schnell er nachgibt. Ein weiteres Merkmal ist die Gewissenhaftigkeit. Sie misst sich anhand dessen, wie sehr der Mensch zu Disziplin neigt, wie perfektionistisch, wie zuverlässig und wie leistungsbereit er ist. Extravertierte können auch neurotisch sein. Das ist erkennbar an der Neigung dazu, emotional labil, nervös, stressempfänglich, besorgt oder ängstlich zu sein.

Wer in diesem Bereich einen hohen Wert aufweist, kann leichter zu psychischen Erkrankungen neigen. Ist der Wert dagegen niedrig, deutet das darauf hin, dass die Person emotional stabil ist. Wer sehr offen für neue Erfahrungen ist, ist erfinderisch und neugierig. Das Gegenteil wäre hier die Vorsicht und eine konservative Einstellung. Wer sehr gewissenhaft ist, zeichnet sich durch Organisationstalent und Effektivität aus, wohingegen jemand, der nicht gewissenhaft ist, nachlässig und unbekümmert ist. Verträgliche Extravertierte sind kooperativ, mitfühlend und freundlich. Dagegen sind weniger verträgliche Exemplare am Wettbewerb orientiert. Neurotizismus kennzeichnet sich dann z. B. durch eine hohe emotionale Verletzlichkeit. Wer nicht dazu neigt, ist vermutlich selbstsicher und strahlt Ruhe aus.

Hochsensible zeichnen sich durch ihre Neugierde aus. Diese ist aber in den meisten Fällen dahingehend zu betrachten, dass neue Erfahrungen gesammelt werden wollen. Es geht den Betroffenen dabei nicht per se um Aufmerksamkeit und darum, im Rampenlicht zu stehen. Sobald das Bedürfnis nämlich Befriedigung gefunden hat, ziehen sich Hochsensible gern wieder zurück. Das brauchen sie auch, um die aufgenommenen Reize zu verarbeiten.

Die Untergruppe der Sensation Seeker weist natürlich schon Gemeinsamkeiten mit der Extraversion auf. Dennoch gibt es markante Unterschiede. Wer extravertiert ist, braucht Anregungen von innen und von außen, ist offen für neue Erfahrungen, gewissenhaft und bedingt risikobereit. Außerdem ist er verträglich und eventuell leicht emotional labil und nervös. Sensation Seeking beruht auf einer großen Neugierde, die durch innere und äußere Erfahrungen befriedigt werden kann.

Es werden permanent neue Erfahrungen gesucht und Langeweile wird vermieden. Außerdem sind Sensation Seeker insofern risikobereit, als sie keine Rücksicht auf die Konsequenzen nehmen, die möglicherweise damit einhergehen. Zudem reagieren sie gerne spontan, sind also impulsiv.

Wer extravertiert und zudem hochsensibel ist, kann sehr offen sein, weil das sensitive System sehr viele Informationen nutzen will. Das muss aber nicht so sein, wenn das neuronale System über ausreichend innere und wahrgenommene, äußere Informationen verfügt. Hochsensible sind in der Regel sehr gewissenhaft, weil Perfektion ja ein Schlüsselmerkmal der Hochsensibilität ist. Introvertierte Hochsensible machen meist nicht viel, um Harmonie zu schaffen. Extravertierte dagegen schon.

Verträglich sind Hochsensible normalerweise immer, weil sie sehr viel Rücksicht auf andere nehmen und ihre Empathie zu einem harmonischen Umgang untereinander führt. Hochsensible sind zumeist auch neurotisch, weil sie häufig Ablehnung erfahren, oder die unstimmigen Lebensbedingungen ihren Selbstwert verringern. In den meisten Fällen sind Hochsensible sehr neugierig, weil ihr sensitives System die vielen Erfahrungen nutzen möchte. Außerdem langweilen sie sich sehr ungern, was daran liegt, dass ihr Nervensystem auf das Lösen komplexer Aufgaben ausgelegt ist und deshalb nicht unterfordert bleiben will. Hochsensible gehen Risiken normalerweise nur dann ein, wenn sie die Konsequenzen vorher abwiegen und sich dahingehend absichern konnten. Extravertierte Hochsensible können also auch die zentralen Merkmale der Extraversion erfüllen. Vom Sensation Seeker unterscheiden sie sich maßgeblich nur in der Bereitschaft, Risiken einzugehen. Tatsächlich ist es aber so, dass das Level der Sensibilität sinkt, je extravertierter der Mensch ist. Dennoch kann ein hochsensibler Mensch, dessen Sensibilität stark ausgeprägt ist, extravertiert sein.

Hierunter fällt auch ein weiterer Typ der Hochsensibilität, die sogenannte Scanner-Persönlichkeit. Diese Menschen zeichnen sich durch vielseitige, teilweise auch gegensätzliche Interessen aus. Sie scannen ihre Umwelt, um dem eigenen Bedürfnis nach Abwechslung, Veränderlichkeit im Empfinden und Handeln und nach vielfältigem Ausdruck gerecht werden zu können. Ihr Wesen ist eher so, dass sie tausende Interessen haben, schnell die Lust an etwas verlieren, viel Abwechslung brauchen, es nicht mögen, Sachen zweimal machen zu müssen, begonnene Projekte ungern beenden und Entscheidungsschwierigkeiten haben, die darin begründet sein können, dass ihnen alles zu viel ist. Sie legen sich deshalb auch ungern fest und sind zufrieden, wenn sie vieles auf einmal tun können.

Deshalb langweilen sie sich in eintönigen Berufen sehr schnell. Zudem spielt bei ihnen immer die Angst mit, etwas Spannenderes zu verpassen, bei dem, was sie gerade tun, und sie sind sehr aktive Persönlichkeiten. Scanner-Persönlichkeiten sind vielseitig begabt und außergewöhnlich begeisterungsfähig, extrem neugierig und haben einen endlosen Elan, alles auf einmal zu tun. Die Hochbegabung ihrer Verhaltensdynamik zeigt sich auch in einer deutlich höheren Agilität.

Hierbei ist es wichtig, den Begriff der Hochbegabung differenziert zu betrachten, denn die kognitive Leistungsfähigkeit in den Bereichen Kunst, Sport, Soziales oder Medialität kann in IQ-Tests oft nur unzureichend gemessen werden. Außerdem neigen viele Eltern dazu, eine solche nicht zu erkennen und sie dementsprechend bei ihrem Kind auch nicht ausreichend zu fördern. Dabei gibt es sehr viele Hilfsangebote sowie Informationen für hochbegabte Kinder. Die Veranlagung endet aber natürlich nicht, wenn die Pubertät abgeschlossen wurde. Allerdings ist es für Erwachsene, die nichts von ihrer Hochbegabung wissen, sehr schwierig, diesem Thema näher zu kommen.

Zum IQ-Test gehen auch die wenigsten Erwachsenen gern von sich aus, da sie zumeist in der Schule so gelitten haben, dass sie sich selbst für dumm halten, oder psychisch so verletzt sind, dass sich dies in hemmender Art und Weise auf die kognitive Leistungsfähigkeit auswirkt. Hochbegabte Erwachsene spüren deshalb Wesenszüge in sich, wenn sie nichts von ihrer Hochbegabung wissen, die sie nicht zuordnen können. Dadurch sind sie häufig irritiert und beginnen eine Suche nach sich selbst.

Tatsächlich gibt es Merkmale, die Teil einer Hochbegabung sind, durch welche diese aber nicht explizit erkennbar wird. Hierzu zählen Unruhe, ein schnelles Denktempo, eine erhöhte Dynamik innerhalb von Gesprächen, eine kognitive Hochleistung, die punktuell ist, Ungeduld, Höchstleistungen in Teilbereichen der Schule, die eher weniger relevant sind (basteln, kochen, gärtnern etc.), das schnelle Erlernen neuer Lerninhalte, vielseitige Interessen, die zumeist wieder abgebrochen werden, und autodidaktisches Lernen. Da es auch in diesen Punkten Überschneidungen mit Sensation Seekern, Extraversion und der Scanner-Persönlichkeit gibt, ist es sehr sinnvoll, bei der Erforschung des extravertierten Verhaltens die Option zu beachten und in Betracht zu ziehen, dass das betreffende Kind vielleicht hochbegabt ist.

Extravertierte Hochsensible können aber auch traumatisiert und deshalb zu ihrer Extraversion gelangt sein. Denn bei Traumata handelt es sich um Verletzungen emotional-psychischer Art. Dabei gibt es zwei Arten: das singulär auftretende Schocktrauma, das durch (sexuelle) Gewalt, oder einen Unfall auftreten kann, und das Entwicklungstrauma, welches dadurch gekennzeichnet ist, dass es durch aufsummierte emotionale und/oder psychische Verletzungen entsteht. Diese können in Form von emotionaler Gewalt, Vernachlässigung, einer ungenügenden Bindung in der frühen Kindheit etc. entstehen. Bei Schocktraumata führt meist die fehlende oder unzureichende emotionale Verarbeitung eines Erlebnisses nach dem Schock zu einem Trauma. Das passiert vor allem dann, wenn wichtige Fragen nicht berücksichtigt und behandelt werden. Dazu zählen: „Warum ist ausgerechnet mir sowas passiert? Wie soll ich jetzt nur weiterleben?"

Entwicklungstraumata können bereits in frühen Lebensjahren des Kindes entstehen. Hierbei liegt dann eine tiefgreifende Schädigung emotionaler Art zugrunde, die der psychische Organismus dadurch zu kompensieren versucht, dass er Schutzverhalten anwendet. Dies kann sich in Störungen oder sonstigen Verhaltensauffälligkeiten des Kindes bemerkbar machen. Je höher die emotionale Belastung ist und je geringer die Bearbeitung dieser ausfällt, desto stärker fällt in der Regel das daraus resultierende Trauma aus.

Vielleicht fragen Sie sich jetzt, was das mit der Hochsensibilität Ihres Kindes zu tun hat. Wie Elaine Aron herausgefunden hat, ist die Neigung bei hochsensiblen Menschen, traumatisiert zu werden, deutlich höher als die anderer Menschen. Das liegt nicht etwa daran, dass ihre Belastbarkeitsgrenze geringer wäre, sondern vielmehr an ihren feinen Sinnen, die viel früher und vermehrter unschöne Situationen aufnehmen, als es bei anderen der Fall ist.

Wenn das Kind sein eigenes Wesen in seiner frühen Kindheit nicht akzeptiert und respektiert, kann das dazu führen, dass es tief emotional verletzt ist. Daraus können auch Störungen in seiner Identifikation mit sich selbst resultieren, die viele Jahre andauern können. In einer solchen Situation arbeitet das Gehirn mittels Hormonausschüttungen mit. Sobald die gefährliche Situation erkannt wurde, aktivieren sich das limbische System sowie die Amygdala als Warnung. Das kann durch Gedanken wie „Ich bin nicht gut genug" oder „Ich bin so nicht richtig" ausgelöst werden. Es werden dann auch Gefühle wie Angst empfunden.

Diese Gefühle gelten als Schutzreaktion des Körpers. Außerdem wird das System durch Stresshormone aktiviert. Kann das Alarmsystem den Zustand aber nicht beenden und die traumatisierende Situation stellt sich immer wieder ein, kann das dazu führen, dass sich ein kontinuierliches Stressniveau etabliert. Das findet dann in Form der dauerhaften Ausschüttung von Cortisol statt. Dies ist bei Hochsensiblen viel häufiger der Fall als bei anderen Menschen. Wenn das neuronale System mit Dauerstress belastet ist, verschlimmert sich das Stresslevel jedes Mal, wenn die betreffende Person an das ursprünglich traumatisierende Ereignis erinnert wird. Dadurch ist es dann auch im Erwachsenenalter nicht mehr in der Lage, im Erwachsenenmodus zu reagieren. Denn wenn das Frontalhirn unter Stress steht, reagiert es darauf, indem es blockiert und in ein frühkindliches Verhaltensmuster verfällt.

Auch dadurch kann ein hochsensibles Verhalten entstehen. Das kann sich äußern, indem die Umgebung permanent gescannt wird, Gefahrensituationen eingeschätzt werden und die Stimmungen anderer wahrgenommen werden. Denn hier greift das Prinzip des Selbstschutzes. Der Betroffene möchte sicher sein, dass er genau abschätzen kann, was die andere Person ihm gleich antun wird. Deshalb wird auch auf jedes noch so kleine Detail geachtet. Das liegt auch daran, dass jede Nuance einen Hinweis auf mögliche Gefahrenpotenziale geben kann.

Traumatisierte Menschen sind auch sehr unruhig und immer auf dem Sprung, weil sie allzeit bereit sein müssen, sich schützen zu können. Daraus resultiert auch eine Selbstunsicherheit, was auch daran liegt, dass nicht in ausreichendem Maße erfahren wurde, willkommen zu sein, akzeptiert, respektiert und geliebt zu werden. Mit der Selbstunsicherheit gehen auch Selbstzweifel am eigenen Wert und Vermögen einher. Traumatisierte Menschen kennzeichnen sich auch dadurch, dass sie ständig nach Veränderungen streben.

Außerdem kann auch ein hypervigilantes Verhalten zur Hochsensibilität führen. Dabei versucht der Traumatisierte, es zu vermeiden, an den

Punkt gebracht zu werden, an dem er seine Fehler offen darlegen müsste. Währenddessen ist er permanent auf der Suche nach einer wahrhaftigen inneren Erfüllung, wobei er aber von der Erfahrung des Traumas blockiert wird. Letztendlich lässt sich dieser Zustand kurz und knapp mit einer Überwachheit definieren. Die Auswirkungen und Verhaltensweisen, welche damit einhergehen, sind stark deckungsgleich mit denen der extravertierten Hochsensibilität. Denn Betroffene sind nervös, empfinden eine innere Unruhe, befinden sich dauerhaft im Fluchtmodus, haben den Kontakt zu ihrem Empfinden verloren sowie auch ihre Intuition. Deshalb empfinden sie weniger ihre eigenen Bedürfnisse und neigen schnell dazu, sich selbst zu überfordern. Sie misstrauen Menschen und wenn sie sich auf eine Beziehung einlassen, ist auch diese stark von Misstrauen geprägt. Das liegt dann daran, dass dem verletzende Erfahrungen in der Kindheit vorangegangen sind. Aus Selbstschutz haben Betroffene oft auch Erinnerungslücken bezüglich ihrer Kindheit. Hierzu zählen Abspaltungen schmerzhafter Erfahrungen.

Viele neigen auch zum Drogenkonsum, um das schmerzhafte Empfinden zu betäuben oder auch um intensive angenehme Gefühle zu vermeiden, weil diesen misstraut wird oder der Betroffene der Meinung ist, diese nicht verdient zu haben.

Es gibt also Gemeinsamkeiten zwischen Traumata, extravertierter Hochsensibilität und Sensation Seeking. Das gilt vor allem für die Aspekte der Nervosität und das mangelnde Empfinden der eigenen Bedürfnisse. Denn auch Traumatisierte können ihre Erfahrungen und ihr Leiden mit Aktivitäten kompensieren, welche leicht den Eindruck einer Extraversion bei anderen Menschen erwecken oder sogar dazu führen, dass sie als Sensation Seeker wahrgenommen werden.

Warum manche hochsensible Menschen also wirklich extravertiert sind, kann nicht von vorneherein allgemeingültig gesagt werden. Dies muss schon einem Psychologen oder Therapeuten überlassen werden. Dennoch gilt es, auch zu beachten, dass die Gesellschaft sich in den letzten Jahrzehnten enorm verändert hat. Es ist vollkommen normal geworden, dass wir

Menschen uns täglich extrem vielen Reizen aussetzen und innerhalb kürzester Zeit eine Reaktion auf diese erwartet wird. Dadurch können auch Menschen, welche nicht hochsensibel sind, schnell reizüberflutet werden.

Denn alles, womit der menschliche Organismus über die Gebühr belastet wird, führt irgendwann dazu, dass die betreffende Person das als relativ unangenehm empfindet. Dadurch entstehen dann über kurz oder lang Schwierigkeiten, die mit Folgeschäden einhergehen können. Das Verhalten von Kindern kann sich dabei anhand der Lehrgeschwindigkeit der Lehrer messen lassen. Wenn die Kinder die Möglichkeit haben, ihre Probleme sorgfältig und in Ruhe anzugehen, sind sie laut einer Studie weniger impulsiv. Müssen sie dagegen schnell zu einer Entscheidung kommen, führt dies zu übermäßigem Druck, wodurch innerlich Stress entsteht und die Kinder impulsiver werden.

In der Tat ist es also so, dass die erhöhte Schnelligkeit der Kultur, in welcher wir leben, dazu führt, dass wir uns unruhiger und tendenziell überaktiv verhalten. Das wird dadurch intensiviert, dass wir permanent mit so vielen Reizen geflutet werden, dass schon Menschen mit normalausgeprägter Sensibilität schnell an ihre Grenzen kommen. Da liegt es auf der Hand, dass hochsensible Menschen eigentlich ständig überfordert sein müssen. Doch auch sie müssen sich Mechanismen aneignen, um diesem gesellschaftlichen Druck irgendwie standhalten zu können. Auch so ist das Auftreten eines extravertierten Verhaltens bei Betroffenen zu erklären, denn es kann das Ergebnis der Erfahrungen des Lebens sein.

Das fängt dann natürlich schon im Kindesalter an. Dadurch ist es nachvollziehbar, dass Kinder Schutzmechanismen entwickeln, die so aussehen, dass sie zu Unruhe neigen und sich leicht ablenken lassen. Daraus ergeben sich dann die häufige Suche nach Abwechslung und das Abbrechen bereits angefangener Projekte.

Dennoch gibt es selbstverständlich auch die Extraversion von vorneherein, ohne dass diese einen Anpassungsmechanismus darstellt. Dasselbe gilt für das Sensation Seeking. Bei beiden Phänomenen fehlt es den

Betroffenen an stigmatisierten und defizitären Blicken.

Sollten Sie ein solches Kind haben, sollten Sie versuchen, zu verstehen, wie es zu dieser Lebensweise kommt. Falls Ihnen das Wesen Ihres Kindes aber nicht unangenehm auffällt, ist dies umso besser. Aber sollte es doch einen Konflikt für Sie oder Ihr Kind darstellen, ist es sinnvoll, Auslöser und Ursachen dieser Lebensweise zu erforschen. Denn nur dann können Sie dem Kind dabei helfen, zu einem inneren Gleichgewicht zu finden.

Es ist nicht von Vorteil, eine Therapie zu machen, wenn dabei nicht erkannt wird, dass die eigenen Schwierigkeiten Teil einer angeborenen Veranlagung sind. Extravertierte Hochsensible kommen ebenfalls auch dann nicht weiter, wenn man ihnen sagt, sie müssten ihre innere Unruhe einfach ihrer Persönlichkeit zuschreiben. Denn dadurch könnten vorhandene Verletzungen emotional-psychologischer Art sowie kulturelle Belastungen übersehen werden. Jeder Mensch ist überaus komplex, weshalb nicht pauschal von einer Verhaltensweise auf eine Disposition oder einen externen Auslöser geschlossen werden kann. Hinzu kommt, dass sich die inneren und äußeren Einflüsse jeweils gegenseitig beeinflussen, und das ständig. Einzelne Bestandteile der Persönlichkeit lassen sich also nur bis zu einem gewissen Grad in Puzzleteile zerlegen.

Es ist daher einfacher, als Laie nicht den Blick auf die kleinsten Größen zu richten, sondern das große Ganze zu betrachten sowie das, was darüber hinausgeht. Wenn dessen Zusammenhänge und Funktionen verstanden werden, fällt es leichter, Bedürfnisse und Verhaltensweisen, welche auf den ersten Blick vielleicht ungewöhnlich scheinen mögen, zu verstehen. Nachdem Sie bereits bruchstückhaft wissen, wie sich HSP/ HSS verhalten, wollen wir an dieser Stelle der Typisierung dieser Persönlichkeiten weiter auf den Grund gehen. Denn diese werden nicht ausschließlich dadurch differenziert, dass sie durch das Sensation Seeking erklärt werden.

Nehmen Sie nun alle vorgestellten Puzzleteile und stellen Sie diese in den Kontext der Gesamtpersönlichkeit Ihres Kindes und seiner Geschichte. Fragen Sie sich dann erneut, wie ungewöhnlich es ist, dass es aufgrund seines Wesens sowie seiner Vergangenheit dazu neigt, Abwechslung zu suchen. Beantworten Sie außerdem die Fragen, was Ihnen daran Schwierigkeiten bereitet, dass Ihr Kind zu aufregenden Veränderungen neigt oder sich risikofreudig verhält. Was glauben Sie, warum und in welcher Form es mit seiner Umwelt aneckt? Fragen Sie sich auch, welchen Nutzen und welche Vorteile allgemein diese Persönlichkeit mit sich bringen kann. Denn diese Bedürfnisse können dem Betroffenen auch vieles erleichtern. So kann ein Scanner es gar nicht verwerflich finden, dass er ständig etwas abbricht, um etwas Neues zu beginnen. Der Gewinn einer solchen Persönlichkeit kann ja darin liegen, dass die Person eben gern neue Dinge ausprobiert und erlernt und deshalb auch akzeptiert, dass sie ungern Dinge zu Ende bringt. Helfen Sie Ihrem Kind dabei, sich selbst kennenzulernen. Das ist ein Prozess, der viel Zeit und Geduld erfordert, aber sehr lohnenswert ist.

HOCHSENSIBILITÄT UND NORMALSENSIBLE

Ein hochsensibler Mensch sieht alles schon von Weitem auf sich zukommen. Deshalb ist er von Anfang an darauf eingestellt, was im schlimmsten Fall passieren könnte, und macht sich gerne wochenlang verrückt, bevor überhaupt etwas passiert ist. Er überlässt nichts dem Zufall und wartet nicht auf ein Wunder, wie das bei anderen vielleicht der Fall ist.

Das unterscheidet ihn von Autisten, da diese sich lieber verkriechen und in ihr Innerstes zurückziehen, wenn es unbequem wird. Hochsensible und Autisten nehmen aber die drohende Gefahr auf gleiche Weise wahr. Es gibt nichts anderes mehr, was ihre Gedanken in einem solchen Maß bindet. Lediglich in ihrer Art, zu reagieren, unterscheiden sich beide Menschenarten voneinander.

Das liegt auch daran, dass jeder Mensch eine gewisse Innenerregung benötigt, unter der er am besten arbeiten kann. Bei Untererregung liegen Frustration und Apathie vor. Bei Übererregung kommen dagegen Panik und Hektik auf. Jeder hat also eine individuelle, schmale Komfortzone, in der er genau richtig leben und arbeiten kann. Hochsensible sehen Probleme weit vor anderen und machen sich deshalb gerne verrückt.

Das kann dann dazu führen, dass sie von anderen als seltsam wahrgenommen werden, weil sie sich um Dinge sorgen, die diese gar nicht sehen. Und wenn diese Probleme dann verebben, festigt sich der Eindruck der anderen erst recht, schließlich ist ja nichts passiert. Dass die Hochsensiblen im Voraus aber vielleicht auch einiges dazu beigetragen haben, dass die Katastrophe nicht eintritt, wird dann gern übersehen. Im Gegensatz zu hochsensiblen Menschen haben normal Sensible eine andere Arbeitsweise ihres Gehirns. Wenn sie eine Aufgabe erledigen sollen, die ihnen auf den ersten Blick zu anspruchslos und zu simpel erscheint, wird ihr Gehirn genau die Energieressourcen für das Erledigen dieser Arbeit zur Verfügung stellen, die nach erster, kurzer Einschätzung hierfür benötigt werden. Das heißt, wenn die Einstellung vertreten wird, dass der Betreffende keine Lust auf die Aufgabe hat, wird das Gehirn auch keine Energie dafür bereitstellen. Dann wird schnell etwas aufs Papier gekritzelt, die Energie ist verbraucht und der Ausführende merkt, dass die Arbeit noch längst nicht erledigt ist. Es folgt Frustration und oftmals Selbstmitleid.

Wenn ein Hochsensibler im Gegenzug vor einer Aufgabe steht, die er als anspruchsvoll betrachtet, arbeitet das Gehirn genau in umgekehrter Weise. Es fragt sich, wie viel Energie dafür benötigt wird, und stellt fest, dass der Energieaufwand unendlich hoch sein könnte. Denn alles, was einen hochsensiblen Menschen überfordern könnte, nimmt sein Gehirn nicht mehr rational und richtig wahr. Es stellt dann wirklich unendliche Energieressourcen zur Verfügung. Das führt dazu, dass der Betroffene Tag und Nacht über die Aufgabe nachdenkt. Schlafen fällt schwer und allgemein kann nichts anderes mehr gemacht werden. Es wird permanent nach Rat gefragt, Ängste bauen sich auf und am Ende wird doch alles getan, um das Erledigen der Aufgabe möglichst lange hinauszögern zu können, weil Perfektion angestrebt wird.

Hochsensible fühlen sich daher, im Gegensatz zu anderen, dann wohl und gut, wenn alles um sie herum ruhig ist. Zu ruhig wird es in der Regel nie. Daher kennen sie nur den für sie zu lauten Zustand, während normal sensible Menschen auch den Zustand der Untererregung kennen. Das führt dann schnell dazu, dass sie viel Druck machen, weil sie unter diesem besser arbeiten können. Ein Hochsensibler ist in einer solchen Situation aber nicht mehr arbeitsfähig.

Normalsensible haben nur eine sehr eingeschränkte Wahrnehmung. Das heißt, sie können das Feine und Leise nicht wahrnehmen. Sie spüren nicht, wie sich andere fühlen. Deshalb fragen sie sich auch immer, wie sie etwas messbar machen können, was sie nicht sehen. Normalsensible können sich und andere auch nicht realistisch wahrnehmen, sondern nur so, wie sie sich damit wohlfühlen. Dabei gehen Autisten und Hochsensible unter, weil diese unmerklich und viel zu fein sind. Sie werden nicht wahrgenommen. Das wird für Hochsensible zum Problem, weil sie selbst nicht verstehen, weshalb sie nicht gesehen werden und dass sie selbst auch unter einer eingeschränkten Wahrnehmung leiden. Sie könnten sich bemerkbar machen, tun dies aber nicht. Stattdessen ziehen sie sich zurück oder versinken in ihren Emotionen.

Denn es gilt nicht zu vergessen, dass jeder die Welt anders wahrnimmt und jeder deshalb auch eine andere Vorstellung davon hat, wann sie ideal wäre. Deshalb will jeder sie natürlich dahingehend verändern, dass sie nach dem eigenen Empfinden gut ist. Hochsensible gehen dabei gerne unter, weil die Welt nun mal größtenteils laut ist und sie in ihrer Stille darin einfach übersehen werden. Deshalb sollten Hochsensible immer dazu angehalten werden, sich zu zeigen und bemerkbar zu machen. Denn diese Menschen sind durch ihre Einfühlsamkeit eine wahre Bereicherung für die Welt.

Aber laut sein und sich bemerkbar machen will gelernt sein. Die Welt muss gleichzeitig lernen, die Feinheit der Inhalte zu verstehen und sie zu berücksichtigen, damit sich beide Seiten ein Stück weit annähern können.

Was genau sind hochsensible Kinder?

Etwa fünfzehn Prozent der Menschen sind hochsensibel. Damit haben sie eine besondere Veranlagung, die früher dazu diente, dass potenzielle Gefahren schneller erkannt werden konnten. Somit wurden die anderen dann schneller davor gewarnt.

Heutzutage, wo der Mensch sesshaft geworden ist, nicht mehr jagen geht und meist mit der Wildnis und den dort lauernden Gefahren nicht mehr in Berührung kommt, wird Hochsensibilität leider häufig missverstanden. So werden hochsensible Kinder gerne als zu schüchtern, jähzornig und weinerlich abgestempelt. Hinzu kommt, dass sie gerne als schwierig und überempfindlich betrachtet werden. Viele Kinder wissen daher oft gar nicht, dass sie hochsensibel sind. Das sollten Sie als Eltern ändern.

WELCHE EIGENSCHAFTEN HABEN HOCHSENSIBLE KINDER?

Ein hochsensibles Kind ist zumeist sehr empfindlich, ausgesprochen intuitiv und sehr empathisch. Hochsensible Kinder haben ein besonderes Feingefühl. Aus ihrer Umwelt nehmen sie mehr subtile Informationen auf und erkennen viel komplexere Zusammenhänge, als es bei Gleichaltrigen oder allgemein bei anderen Menschen der Fall ist. Außerdem haben sie einen sehr ausgeprägten Sinn dafür, die Gefühle anderer zu erkennen und zu deuten.

In sehr vielen Situationen sind solche Eigenschaften von großem Vorteil. Jedoch kann ein solches Kind durch diese überempfindliche Wahrnehmung auch schnell überfordert sein, wodurch es damit belastet wird. Mit den Eindrücken, die es aufnimmt, kann es nicht immer richtig umgehen. Das kann dann dazu führen, dass es schnell gereizt ist oder es ihm schwerfällt, sich auf etwas zu konzentrieren. Die Erziehung seitens der Eltern sollte auf die speziellen Bedürfnisse dieser Kinder angepasst werden. In jedem Fall benötigen sie viel Akzeptanz und ein besonderes Maß an Aufmerksamkeit.

Bei Kleinkindern ist es tatsächlich auch von professioneller Seite nicht leicht festzustellen, ob sie hochsensibel sind. Denn sie können ihre Bedürfnisse und Empfindungen ja nur begrenzt ausdrücken.

Dennoch gibt es einige Punkte, anhand derer man erkennen kann, ob das eigene Kind hochsensibel sein könnte.

- Hochsensible Kinder haben ein sehr stark ausgeprägtes Harmoniebedürfnis.
- Außerdem nehmen sie Konflikte innerhalb der Familie sehr persönlich.
- Wann immer es nur möglich ist, vermeiden sie Streit.
- Alle Sinneseindrücke nehmen sie intensiver wahr.
- Gegenüber Licht, bestimmten Farben und Stoffen sowie Gerüchen sind sie viel empfindlicher als andere.
- Außerdem ist die Empfindlichkeit bei Berührungen stärker ausgeprägt.
- Hochsensible Kinder lieben die Kunst, das Ästhetische und Schöne.
- Sie haben sehr viel Fantasie und neigen dazu, eine Traumwelt als Rückzugsort zu nutzen.
- Gegenüber Menschen und Tieren haben sie ein starkes Mitgefühl.
- Ihr Sinn für Gerechtigkeit und Ethik ist besonders ausgeprägt.
- Sich selbst kritisieren hochsensible Kinder sehr stark, wobei sie auch sehr hohe Ansprüche an sich selbst haben. Dadurch werden sie häufig von Selbstzweifeln geplagt.
- Kritik an der eigenen Person wird sehr schlecht angenommen,

dahingegen werden andere Menschen gerne kritisiert.

- Eine Überforderung des Kindes liegt sehr schnell vor. Das kann sich dann auch durch Schwindel zeigen oder aber durch eine Konzentrationsschwäche.
- Hochsensible Kinder neigen dazu, überzureagieren oder Wutausbrüche zu haben.
- Plötzliche Umstellungen und Neues wird nur schwer angenommen.
- Im Anschluss an eine aufregende Phase wird viel Ruhe und Schlaf benötigt.
- Verglichen mit den Altersgenossen wirkt ein hochsensibles Kind oft viel erwachsener.
- Bereits im jungen Alter liegt solchen Kindern ein hoher Wortschatz vor und sie haben ein viel besseres Sprachverständnis als die anderen Kinder.
- Hochsensible Kinder sind auch bekannt dafür, dass sie Dinge bis in die Tiefe hinterfragen und gerne philosophieren.
- Lügen werden sehr schnell erkannt.
- Der Denkstil eines solchen Kindes ist vernetzt, denn es verfügt über die Gabe des Meta-Denkens.
- In der Regel sind Betroffene Einzelgänger und eher zurückhaltend.
- Als Baby sind sie oft Schreikinder oder High Need Babys.
- Viele leiden oder litten auch an dem Phänomen des plötzlichen Nachtschrecks.

Wichtig für Sie als Eltern ist es, zu verstehen, dass Ihr Kind nicht komisch ist. Es ist schlichtweg überfordert. Das liegt nicht etwa an Dummheit oder Schwäche, sondern an seiner besonderen Fähigkeit, wenn nicht sogar Hochbegabung. Fassen wir nochmals kurz die Vorteile der Hochsensibilität

Ihres Kindes zusammen: Es hat eine ausgeprägte Gefühlswelt sowie Wahrnehmung. Außerdem stellt es kluge Fragen, ist ausgesprochen einfühlsam und hat ein Abstraktionsvermögen, welches besonders hoch ist. Weiter ist es ausgesprochen fantasievoll, besonders begeisterungsfähig und gegenüber anderen sehr rücksichtsvoll. Nachteile sind die häufig stark ausgeprägte Schüchternheit und die starken, unvorhersehbaren Gefühlsausbrüche, welche betroffene Kinder oft heimsuchen. Sie sind zudem sehr schnell gestresst und leicht anfällig dafür, gemobbt oder als Außenseiter betrachtet zu werden. Ebenso benötigen sie besonders viel Liebe seitens ihrer Eltern und verlangen diesen im Umgang sehr viel ab.

Wenn alle fünf Sinne Ihres Kindes deutlicher wahrzunehmen und auch die Gefühlswelt stärker ausgeprägt ist, ist das Kind hochsensibel und hochsensitiv. Beim Sehen meiden betroffene Kinder grelle Farben sowie grelles Licht und sind zudem sehr lichtempfindlich. Kleinste visuelle Impulse werden umgehend registriert. Was das Hören betrifft, wird Lärm gerne vermieden, Hintergrundgeräusche sind für die Kinder sehr störend und sie haben ein sehr feines Gespür für Musik und Rhythmik. Der Geruchssinn ist besonders fein ausgebildet, weshalb Parfüm abgelehnt wird und unangenehme Düfte das Wohlbefinden sehr stark beeinträchtigen können. Den Geschmackssinn betreffend werden Nahrungsmittel von bestimmter Konsistenz abgelehnt. Weiter werden Lebensmittel lieber getrennt voneinander konsumiert und starke Gewürze werden vermieden. Bei bestimmten Lebensmitteln kann ein Würgereiz sehr leicht ausgelöst werden und die Kinder sind eher mäkelig, was das Essen betrifft.

Haptisch werden kratzige Klamotten abgelehnt. Gleiches gilt für enge Kleidung. Etiketten werden als sehr störend empfunden. Hochsensible Kinder sind sehr wärme-, kälte- und schmerzempfindlich. Wenn ihnen die Nägel oder die Haare geschnitten werden sollen, zeigen sie sehr häufig Widerstand.

Gefühlsmäßig sind sie sehr redselig und fantasievoll sowie sprachgewandt. Ihre Träume sind äußerst intensiv, die Einfühlsamkeit macht sich bemerkbar und sie bekommen Gefühlsausbrüche impulsiver Art. Freundschaften, welche sie aufbauen, sollen in die Tiefe gehen, weshalb sie eher weniger Freunde haben. Gefühle des Kindes können schon in sehr jungen Jahren differenziert benannt werden. Trennungen jeder Art fallen hochsensiblen Kindern meist schwerer als Normalsensiblen.

Reizüberflutungen im Alltag können sich dann folgendermaßen gestalten:

- Grelle Farben werden als sehr unangenehm empfunden.
- Stimmungen der anderen werden sehr schnell registriert und übernommen.
- Auf Strafen, Schimpfen und Drohungen erfolgt eine äußerst empfindliche Reaktion.
- Hochsensible Kinder weinen schneller als andere.
- Sie sind sehr leicht zu begeistern und zudem schnell euphorisch.
- Sie sind auch sehr aggressiv und impulsiv, weshalb Wutausbrüche nicht fern liegen.

HOCHSENSIBILITÄT BEI BABYS UND KLEINKINDERN

Hochsensible Personen, also HSP (vom Englischen highly sensitive persons), werden oft als sehr dünnhäutig bezeichnet. Ihre Hochsensibilität macht sich bereits im Kindesalter bemerkbar. Auch bei Babys lässt sich das schon feststellen. Denn die Kleinen haben ein besonderes Gespür dafür, von welcher Stimmung sie umgeben sind, und leiden, wenn sie mit zu vielen Reizen auf einmal konfrontiert werden. Bei Babys und Kleinkindern ist das vor allem deshalb der Fall, weil sie keine Strategien und Erfahrungen haben, die aufgenommenen Reize gründlich zu verarbeiten. Wenn sie diese also viel deutlicher und ungefilterter wahrnehmen als andere, scheint eine schnelle Überforderung nur logisch. Sie können dagegen vorgehen, indem sie sich entweder übermäßig anpassen, Abwehrreaktionen zeigen oder schnell gereizt sind. Hochsensible Babys fordern oft sehr viel Nähe ein und interessieren sich sowohl am Tag als auch nachts stark für ihre Umwelt und nehmen deren Reize sämtlicher Art wahr. Beruhigend auf diese Babys wirken die Nähe ihrer Eltern, eine reizarme Umgebung und ein ruhiges Zusammensein mit den Bezugspersonen. Wenn das Baby sich doch mal überfordert fühlen sollte, weil einfach zu viele Reize auf es einwirken, fängt es an, zu schreien. Gerade dann, wenn es noch ganz klein ist, hat es ja keine andere Möglichkeit, sich mitzuteilen. Allerdings tritt dieses Schreien meistens zeitversetzt auf, weil das Baby nicht in der Lage ist - oder es ihm schwerfällt - alle Eindrücke, die es im Laufe des Tages gesammelt hat, zu verarbeiten. So kann es dann vorkommen, dass das Baby erst abends beginnt, zu schreien, und sich gar nicht mehr beruhigen lässt, wenn es tagsüber mit in der Stadt war und dort viel zu sehen bekommen hat.

Wenn Sie den Eindruck haben, Ihr Kind könnte hochsensibel sein, sollten Sie versuchen, die Reize in seiner Umgebung und in seinem Tagesablauf so gering wie möglich zu halten. So können Sie es dem Baby oder dem Kind angenehmer machen. Spielzeug sollte deshalb auch nur in Maßen und geordnet zur Verfügung gestellt werden. Es gilt, Freizeitstress zu minimieren und den Fernsehkonsum zu reduzieren. Überfordern Sie Ihr Kind nicht durch viel Frühförderung, denn dadurch könnte es sich schnell unter Druck gesetzt fühlen. Feste Tagesstrukturen geben Kindern, die hochsensibel sind, Sicherheit, weshalb spontane Gestaltungsänderungen des Tages meistens schwierig für sie sind. Ausflüge in die Natur tun hochsensiblen Kindern in der Regel sehr gut.

Hochsensible Babys können es gar nicht leiden, wenn sie in Laufrichtung des Elternteils getragen werden. Dadurch wird eine Überstimulation der Reizaufnahme nämlich extrem schnell erreicht. Genauso wenig mögen sie es, wenn sie bei einem Familienfest von einem zum anderen herum- und weitergereicht werden. Nach solchen Erlebnissen weinen die Babys meistens sehr viel, vor allem abends vor dem Schlafengehen. Allgemein sind sie oft sehr schüchtern und es fällt ihnen nicht leicht, in den Schlaf zu finden.

Dass Ihr Kind gerade überfordert ist oder zu viele Reize auf einmal wahrnimmt und es deshalb zu einer Reizüberflutung kommt, können Sie daran feststellen, dass es beginnt, zu weinen, sich zu verstecken oder blass zu werden. Übermäßiges Schwitzen sowie Schwindel, Aggression und Zittern sind ebenfalls mögliche Anzeichen. Dann sollten Sie als Eltern einschreiten und dem Kind einen Rückzugsort anbieten, der die Eigenschaft hat, reizarm zu sein. Das kann zum Beispiel eine Höhle sein, die das Kind in seinem Zimmer selbst gebaut hat, oder ein Zelt.

Sie können es auch in den Arm nehmen und einfach für es da sein. Reden Sie dann nicht viel mit ihm und schaukeln Sie es langsam vor und zurück, bis es sich wieder beruhigt hat. Außerdem können Sie auch auf den Körper Ihres Kindes einen tiefen und angenehmen Druck ausüben. Das können Sie erreichen, indem Sie es massieren, seine Arme und Beine fest drücken oder es fest einrollen, in beispielsweise eine Decke, wobei der Kopf natürlich außerhalb der Decke belassen werden muss. Der Effekt, den Sie dabei erzielen wollen, ist die Wahrnehmung des Körpers. Denn wenn das Kind seinen Körper wieder richtig spürt, wirkt dies beruhigend auf sein Nervensystem, wodurch die Überreaktion auf die Reize ausgeglichen werden kann.

Welche Maßnahme Sie auch ergreifen, um Ihrem Kind zu helfen, achten Sie unbedingt darauf, wie es reagiert. Das ist vor allem bei Kindern wichtig, die noch nicht sprechen können. Bei hochsensiblen Kleinkindern kann die stärkere Wahrnehmung von Reizen dazu führen, dass sie zum Beispiel bei lauten Geräuschen stark zu weinen beginnen, weil sie für sie unaushaltbar erscheinen. Das kann zum einen der Rasenmäher sein, zum anderen aber auch nur die Türklingel oder das Geräusch von Klebeband, das auf einem Karton befestigt wird. Es ist aber auch möglich, dass Gerüche so stark empfunden werden, dass dem Kind davon übel wird. Auch die Etiketten an Kleidung und Nähte in Socken können für hochsensible Kinder unerträglich werden.

HOCHSENSIBILITÄT UND/ ODER HIGH NEED BABYS?

Wer ein High Need Baby hat, vermutet meistens schnell, dass dieses auch automatisch hochsensibel ist. Tatsächlich decken sich viele Merkmale von High Need Babys mit denen von Hochsensiblen. Das erste Merkmal ist dabei die intensive Betreuung, die bei High Need Babys erforderlich ist. Meistens schreien diese schon ab der Geburt deutlich lauter als andere Babys. In ihrer Art zu weinen und mit der Lautstärke ihrer Stimme heben sie sich stark von anderen Babys ab. Sie fordern eine umfassende Versorgung in einer Intensität ein, dass man sie als unruhig und getrieben beschreiben kann. Meistens wollen sie aber nur von der Mutter umsorgt werden. Lässt man das Baby schreien, weil man hofft, es würde sich selbst beruhigen, schreit es nur noch lautstarker und länger, sodass es sich manchmal nur noch sehr schwer beruhigen lässt, wenn man es dann hochnimmt.

High Need Babys kennzeichnet eine hohe Aktivität und Neugierde im Kleinkindalter. Wenn sie wirklich an einer Sache interessiert sind, steuern sie zielstrebig darauf zu und lassen sich auch nicht so leicht davon abbringen, egal, welche Hindernisse sich ihnen auftun. Damit einher geht zwar eine gewisse Unvorsichtigkeit, dennoch können diese Kinder kreative Höchstleistungen erbringen, die andere niemals erreichen werden.

Ein weiteres Merkmal ist die Hyperaktivität. Diese ist aber relativ zu verstehen und hat nichts mit ADHS zu tun. Die Babys sind nur selten entspannt und haben meistens geballte Fäuste und angespannte Muskeln. Man könnte den Eindruck haben, sie seien immer kurz vor dem Durchstarten.

Die Babys kosten sehr viel Energie und Kraft, weil sie im Umgang sehr anstrengend sind. Auf die Bedürfnisse ihrer Eltern wird keine Rücksicht genommen. Als Eltern eines High Need Babys müssen Sie im Alltag stets funktionieren und können nur auf ein schnelles Ende dieser Phase hoffen. Sie werden feststellen, dass Sie Ihre gesamten Energiereserven für Ihr Kind opfern, damit dieses zufriedengestellt werden kann. Dazu zählen das ununterbrochene Tragen und Stillen in Verbindung mit wenig Schlaf. Seien Sie nachsichtig mit sich selbst, denn dass Arbeiten im Haushalt ständig liegen bleiben, ist nur eine logische Konsequenz. Schließlich müssen Sie das Baby permanent herumtragen und können es nicht ablegen. Sie sollten in dieser Phase Wert darauf legen, sich nicht zu viel abzuverlangen und durchzuhalten, denn das Ende kommt bestimmt.

High Need Babys wollen auch ständig gefüttert werden. Das liegt nicht nur daran, dass sie hungrig sind. An der Brust genießen sie auch die Nähe zu ihrer Mutter. Beim Trinken lassen sie sich viel Zeit und eilen nicht. Denn ihr größtes Ziel ist es, so lange wie nur möglich in der Geborgenheit zu verbleiben.

Was immer High Need Babys auch wollen, es wird lautstark eingefordert. Sie können nicht besonders gut warten. Wenn sie etwas brauchen, muss es immer sofort sein. Mit Alternativen geben sie sich nicht zufrieden. Die wenigsten High Need Babys akzeptieren daher den Schnuller. Tückisch ist, dass sich das Weinen auch so eindringlich anhört, dass man als Eltern gar nicht anders kann, als aufzuspringen und dem Baby schnellstmöglich das zu geben, was es braucht. Das kostet sehr viel Kraft. Geben Sie dem Baby dennoch, was es braucht, denn es hat ein so starkes Bedürfnis danach, dass sein Weinen unaushaltbar werden muss. Versäumen Sie dann aber im Kleinkindalter nicht, dem Kind beizubringen, dass es seine Bedürfnisse mit denen der anderen vereinbaren muss und nicht immer an erster Stelle stehen kann.

Das High Need Baby wacht auch sehr oft auf. Dadurch wird es für die Eltern umso schwieriger, die benötigte Kraft zu tanken, um dem Kind bestmöglich gerecht werden zu können. Außerdem wirkt es öfters unzufrieden. Dann können Sie es als Eltern auch noch so viel tragen, stillen etc. Das wird alles nichts nützen und Ihr Baby nicht ausreichend zufriedenstellen. Was dem Baby gestern noch gefallen hat, kann heute schon wieder out sein. Dadurch werden High Need Babys sehr unberechenbar und es ist schwierig, sich richtig auf sie einzustellen.

Wenn Sie zum Beispiel gestern noch erreichen konnten, dass das Baby zur Ruhe gekommen ist, als es aus dem Fenster geschaut hat, weil es ihm offensichtlich gefallen hat, kann es heute sein, dass es zu weinen beginnt, wenn Sie sich wieder mit ihm ans Fenster stellen. Mit diesen starken Stimmungsschwankungen umzugehen, ist nicht immer leicht. Denn die Gefühle solcher Babys schwanken extrem. Dadurch wird es aber auch niemals langweilig. Wenn sie sich freuen, sind sie der Sonnenschein in Person, und wenn sie wütend sind, können sie zum richtigen Zornigel mutieren. High Need Babys nehmen Reize viel intensiver wahr als andere. Deshalb mögen sie es auch lieber sicher und vertraut. Viel mehr als bei anderen Babys lösen schnelle Wechsel Ängste bei ihnen aus. Denn sie nehmen alles um sich herum wahr, was durch die erhöhte Sensitivität bzw. Reizaufnahme bedingt ist. Daran liegt es auch, dass High Need Babys durch die kleinsten Geräusche geweckt werden können. Allerdings sind sie durch die erhöhte Reizaufnahme auch sehr empathisch, von Anfang an. Das macht es leicht, ihre Bedürfnisse zu verstehen, vor allem dann, wenn sie noch nicht sprechen können. Sie teilen sich klar und deutlich mit und zeigen genau an, was sie möchten und was nicht.

Wie bereits erwähnt, lassen sie sich auch sehr ungern und schlecht ablegen. Das liegt daran, dass der Hautkontakt zur Bezugsperson sie beruhigt. Gleiches gilt für die mütterliche Brust beim Stillen. Das muss aber nicht auf alle High Need Babys zutreffen. Manche sind nämlich das genaue Gegenteil. Sie wollen dann mehr Freiraum und ungern ständig kuscheln. Solche High Need Babys werden später meistens autonome und willensstarke Kinder mit starkem Bezug zur Freiheitsliebe.

Des Weiteren sind High Need Babys nicht in der Lage, sich selbst zu beruhigen. So geht es ab der Geburt den meisten Babys. Vor allem allein in den Schlaf zu finden, fällt den meisten Neugeborenen nicht leicht. Vielen hilft aber ein Schnuller oder eine Spieluhr. Echte High Need Babys nehmen aber keine Hilfsmittel zur Beruhigung an. Stattdessen suchen sie die Interaktion mit ihren Bezugspersonen, vor allem mit der Mutter.

Daher ist es auch nicht verwunderlich, dass es einem High Need Baby sehr schwerfällt, sich von seinen Bezugspersonen und insbesondere von der Mutter zu trennen. Diese erkennt es nämlich nicht als eigenständige Person an, sondern es betrachtet sie als Teil von sich selbst. Neue Situationen und fremde Menschen sind dem Baby nicht geheuer. Es kann daher in Extremfällen dazu kommen, dass eine kurzfristige Trennung von der Mutter erst im Kleinkindalter mit drei Jahren oder älter möglich ist. Das ist vor allem im Hinblick auf die Eingewöhnung in einen Kindergarten wichtig, zu wissen, und herausfordernd. Nun liegt natürlich die Vermutung nahe, dass High Need Babys und Schreibabys das Gleiche sind. Schreibabys sind Säuglinge, die gemäß der Dreierregel mindestens an drei Tagen die Woche drei Stunden schreien oder länger. Dass das an die Substanz geht und für die Eltern extrem belastend ist, ist kein Wunder. Nicht selten fühlen sie sich an den Rand der Verzweiflung getrieben. Schreibabys sind definitiv auch Babys, die höhere Bedürfnisse haben als andere. Das Schreien kommt meistens auch nicht von Bauchschmerzen, sondern vom Leben als solches. Als Neugeborene müssen sie eine ganze Menge lernen und dabei sehr viele Reize aufnehmen und verarbeiten.

Außerdem gilt es, einen Rhythmus zwischen dem Wachsein und dem Schlafen zu finden. Schreibabys brauchen bei diesem Prozess der Selbstregulation deutlich mehr Hilfe als andere Babys. Sind alle physischen Bedürfnisse der Babys gestillt und sie schreien noch immer, kann das auch ein Anzeichen dafür sein, dass sie ein Trauma vor oder während der Geburt erlitten haben. Sie wollen dann mitteilen, was sie erlebt haben. Daher ist ein einfühlsames Gegenüber für solche Babys essenziell. Wenn auch Sie als Eltern betroffen sind und ein Schreibaby/High Need Baby haben, sollten Sie darauf achten, dass Sie sparsam mit Ihren Ressourcen umgehen und Hilfe von außen annehmen, wenn diese Ihnen angeboten wird.

Es ist definitiv auch wissenschaftlich erforscht und kein Ammenmärchen, dass fünfzehn bis zwanzig Prozent der Babys einfach schneller in der Reizwahrnehmung sind als andere und diese auch deutlich intensiver auf die Reize reagieren. Ein renommierter Entwicklungspsychologe namens

Jerome Kagan fand dies anhand unterschiedlicher Bedingungen heraus, denen er die Säuglinge aussetzte. Hochsensible Babys reagierten bei den Experimenten ganz anders als die anderen. Sie waren schreckhafter und viel empfindsamer, wenn man sie neuen Reizen aussetzte. Sowohl Kagan als auch die amerikanische Elaine Aron, die Begründerin und sozusagen Entdeckerin der Hochsensibilität, kamen zu dem Schluss, dass diese Hochsensibilität angeboren sein muss. Um nun abschließend sagen zu können, ob High Need Babys automatisch auch hochsensibel sind und umgekehrt, muss betont werden, dass sich dies nicht pauschal behaupten lässt. Das liegt zum einen daran, dass Hochsensibilität im deutschen Sprachgebrauch sehr unterschiedlich definiert wird. Oftmals ist das Verständnis davon auch einfach falsch. Etwa dann, wenn Menschen der Ansicht sind, Hochsensible seien einfach nur überempfindlich und hielten nichts aus. Mit Sicherheit sind einige High Need Babys hochsensibel. Allerdings gibt es auch viele, die es nicht sind. Anhand der Merkmale der High Need Babys können Sie also nicht allein festmachen, ob Ihr Baby hochsensibel ist.

HOCHSENSIBLE KINDER IM KINDERGARTEN

Oft fällt die Hochsensibilität eines Kindes dann auf, wenn es in die Kita oder den Kindergarten eingewöhnt werden soll. Das liegt dann daran, dass hochsensible Kinder sich ja mit Veränderungen häufig sehr schwertun. Sie fühlen sich ihren Altersgenossen dann einfach nicht zugehörig. Das kann dann daran liegen, dass sie bestimmte soziale Grenzen noch nicht kennengelernt haben oder diese zu persönlich nehmen. Durch aufregende Situationen wie Feiern oder Geburtstage können sie schnell gestresst oder überfordert werden.

Die Kinder sind außerdem in unterschiedlichen Bereichen empfindlicher als andere. Das kann sich z. B. in einer sensorischen Empfindsamkeit äußern. Diese kann dann gegenüber Temperaturunterschieden bestehen. Gleiches gilt für Geräusche, Gerüche oder Berührungen. Viele hochsensible Kinder sind auch sehr lichtempfindlich. Schreckhaftigkeit gehört auch zu den Eigenschaften eines hochsensiblen Kindes. Außerdem ist die Schmerzschwelle bei ihnen deutlich niedriger angelegt als bei anderen.

Kleine Kinder äußern ihr Unwohlsein dann gerne dadurch, dass sie vermehrt schreien und weinen. Sie haben zudem ein erhöhtes Bedürfnis nach Körperkontakt zu ihnen vertrauten Personen. Haptisch sind die Kinder auch oft sehr empfindlich. Typisch hierfür sind die kratzenden Etiketten am Pullover. Sie lassen sich ungern die Nägel schneiden oder die Haare kämmen. Dazu kommen regelmäßig Kopf- oder Ohrenschmerzen.

Es gibt einige Tipps, welche Sie bei der Eingewöhnung Ihres hochsensiblen Kindes in den Kindergarten bzw. in die Kita beachten können. Denken Sie immer daran, dass der Kindergarten eine radikale Umstellung für Ihr Kind darstellt. Da einem hochsensiblen Kind Trennungen und Veränderungen im Allgemeinen sehr schwerfallen, ist dieser Schritt natürlich noch einmal schwieriger.

Wählen Sie daher immer den richtigen Zeitpunkt. Fragen Sie sich, ob Ihr Kind schon reif für den Kindergarten ist und Lust hat, diesen kennenzulernen. Diese Entscheidung hängt immer von dem Kind als Individuum ab und nicht ausschließlich von seinem Alter. Wenn Sie bei Angeboten, wie einem Tag der offenen Tür, gemeinsam mit Ihrem Kind in den Kindergarten gehen, kann dies für Sie viel Klarheit schaffen.

Wählen Sie außerdem auch den richtigen Kindergarten. Dabei können Sie unterschiedliche Kriterien zur Auswahl heranziehen. Prüfen Sie, ob es einen Garten sowie ausreichend Bewegung gibt. Letzteres ist besonders wichtig für die Kompensation einer Reizüberflutung. Achten Sie auch auf die Größe der Gruppe. Je weniger Kinder darin sind, desto besser ist es für Ihr hochsensibles Kind. Wenn das Kind eine feste Bezugsperson haben kann, ist das durchaus auch von Vorteil. Denn hier hat es einen Hafen, dem es vertrauen kann. Schauen Sie auch hin, ob die Bedürfnisse Ihres Kindes im Alltag berücksichtigt und ausreichend ernst genommen werden. Prüfen Sie, wie der Alltag im Kindergarten abläuft. Eine feste Struktur und Routine sind Anhaltspunkte, an welchen sich Ihr Kind gut orientieren kann.

Bevor Sie Ihr Kind in den Kindergarten schicken, sollten Sie unbedingt darauf achten, dass ein Vorgespräch mit dessen Leitung und den zuständigen Erziehern stattfindet. Hierbei können Sie eventuell auch die Hochsensibilität Ihres Kindes kommunizieren.

Bereiten Sie Ihr Kind dann außerdem auf die bevorstehende Veränderung vor. Denn für Ihr Kind ist es sehr wichtig, dass diese nicht vollkommen unvorhergesehen kommt. Sie können es vorbereiten, indem Sie zusammen mit ihm den Kindergarten besuchen. Nach Möglichkeit sollte es seinen Bezugserzieher einige Male im Vorfeld kennenlernen. Sprechen Sie viel mit Ihrem Kind über die bevorstehende Veränderung. Seien Sie dabei ehrlich und offen in Bezug auf die Vor- und Nachteile. Bestehen Sie dann, wenn es so weit ist, darauf, dass Ihr Kind sanft eingewöhnt wird.

Kinder verstehen keine Verneinungen

Kennen Sie Situationen, in denen Sie explizit dazu aufgefordert werden, nicht an etwas Bestimmtes zu denken? Doch wenn es heißt, dass Sie nicht an einen rosaroten Elefanten denken sollen, ist es genau dieses Bild, welches Sie sofort im Kopf haben. Doch woran liegt das? Das ist ganz einfach.

Das Gehirn kann Verneinungen nicht korrekt verarbeiten. Deshalb streicht es die Verneinung einfach und der Begriff, der nach dem „nicht“ kam, wird ins Zentrum der Gedanken gerückt. Das ist wichtig, zu wissen, wenn mit Kindern umgegangen wird. Denn Sätze wie „Renne nicht auf die Straße“, „Spiele nicht mit dem Essen“, „Rede nicht so laut“ führen dazu, dass entweder nichts passiert oder dass eben genau das passiert, was man eigentlich zu verhindern versucht hat. Das Kind kann da grundsätzlich nicht viel dafür, denn ihm fehlt an dieser Stelle die Verbindung zwischen dem, was es nicht machen soll, und dem, was gewünscht ist. Um nicht an den rosaroten Elefanten zu denken, müssen Sie bewusst an etwas anderes, wie etwa an ein gelbes Huhn, denken. Das können Sie, weil Sie bereits erwachsen sind und sich diese Brücke im Laufe Ihres Lebens gebaut haben.

Kinder, die diese Fähigkeit noch nicht besitzen, kostet das viel Kraft und Energie. Denn um nicht auf die Straße zu rennen, muss sich das Kind erst einmal eine Markierung zum Anhalten suchen. Um mit dem Essen nicht zu spielen und es nicht auf den Boden zu werfen, muss es sich bewusst dazu entschließen, es stattdessen auf den Teller zu legen. Sie werden merken, dass Sie mit Ihren Bitten erfolgreicher sind, wenn Sie diese positiv formulieren und dem Kind dabei gleich einen möglichst konkreten Vorschlag servieren, wie es das Geforderte umsetzen kann. Wenn Sie es bitten, sich gut festzuhalten, wird es wahrscheinlich nicht fallen. Denn es kann so direkt handeln und es gibt keine Missverständnisse.

Anstatt zu sagen:

„Nicht spritzen“, sollten Sie sagen: „Bitte pass auf, dass das Wasser im Glas bleibt.“

„Nicht schlagen“ wird zu „Die Spitze vom Stock muss auf dem Boden bleiben.“

„Mach dich nicht nass“ kann umformuliert werden in: „Deine Schuhe müssen aber trocken bleiben.“

„Nicht auf die Straße laufen“ wird zu „Bleib bitte hier an der Linie stehen und gib mir die Hand.“

„Wirf nicht mit dem Essen“ könnte stattdessen heißen: „Lass bitte das, was du nicht essen möchtest, auf dem Teller liegen.“

„Nicht ausspucken“ kann heißen: „Wenn du das nicht essen möchtest, nimm dir bitte ein Tuch, wo du es hineinspucken kannst.“

„Hör auf zu weinen“ sollte umformuliert werden in: „Bitte setz dich hier ruhig hin und warte einen Moment, bis du dein Eis bekommst.“

Es ist nicht notwendig, permanent intensiv über eine genaue Formulierung nachzudenken. Sollten Sie Ihren Satz bereits mit „nicht“ begonnen haben, können Sie diesen ja noch umformulieren. Probieren Sie doch einfach mal aus, wie Ihr Kind auf die angepasste Ausdrucksweise reagiert und ob es dann eher das tut, was Sie von ihm wollen

Kleidung für hochsensible Kinder

Bereits im Kleinkindalter macht sich das Dauerthema Kleidung bei hochsensiblen Kindern bemerkbar. Denn fast alle hochsensiblen Kinder haben eine Abneigung in einer bestimmten Richtung gegenüber ihrer Kleidung, die sie einfach nicht überwinden können. Das kann sich darin äußern, dass sie auf der Haut keine kratzigen Materialien vertragen. Hierzu zählen Wolle, Cord oder Filz. Das ist bei sehr vielen hochsensiblen Kindern der Fall. Synthetische Fasern sind ihnen ebenfalls oft sehr unangenehm. Es sind dann schon kleinste Spuren eines synthetischen Fadens ausreichend, um beim Kind Gefühle von Unwohlsein auszulösen. Diese kommen sehr oft beim Etikett oder auch bei Nähten vor. Im Folgenden finden Sie eine Aufzählung der häufigsten Abneigungen hochsensibler Kinder gegenüber ihrer Kleidung:

- Es gibt häufig Probleme bei Strumpfhosen, weil diese den Kindern entweder zu weit oder zu eng sind.
- Außerdem werden Reißverschlüsse oft als unangenehm empfunden.
- Ärmel können zu lang oder zu kurz sein.
- Die Ablehnung gegenüber Knöpfen hält sich meist jahrelang.
- Das Berühren von Schnürsenkeln beim Binden bereitet den Kindern meist Unbehagen. Daher tragen die meisten Schuhe mit Klettverschluss, sofern diese Möglichkeit besteht.
- Die Stoffart der Kleidung kann den Kindern zu fest oder zu kratzig sein.
- Bei saisonalen Umstiegen von Winter- auf Sommerkleidung und umgekehrt tun sich viele hochsensible Kinder sehr schwer.
- Aufgrund ihres Perfektionismus benötigen sie in ihren Schuhen einen identischen Halt für beide Füße. Daher ist es oft schwierig für sie, Schuhe zu finden, die ihnen angenehm sind.
- Auch Unterwäsche darf nicht die Eigenschaft haben, zu drücken.
- An den Strümpfen werden Nähte als sehr störend empfunden. Dies gilt vor allem für solche zwischen den Zehen.

- Die Kleidung darf auch nicht zu weit sein, sodass ein Flattern am Körper nicht vorkommen darf.
- Ganz schrecklich ist auch jedes Sandkorn, welches in die Schuhe gelangt.
- Viele bestehen auch auf das Entfernen der Wäschezettel, weil diese kratzen.
- Wenn die Kleidung nass oder schmutzig ist, wird sie auch gern abgelehnt.
- Faltige Kleidung tragen hochsensible Kinder ebenfalls sehr ungern.

Bei manchen Kindern kann es helfen, wenn sie beim Anziehen abgelenkt werden, damit sie sich gar nicht so sehr auf den Störfaktor konzentrieren können. Es gibt verschiedene Möglichkeiten, wie Sie Ihr Kind kurzzeitig ablenken können. Erzählen Sie ihm z. B. etwas sehr Spannendes oder wechseln Sie, während Sie es anziehen, permanent den Raum, weil die Kleidungsstücke dann immer im jeweils anderen Zimmer liegen.

Wenn Ihr Kind z. B. eine starke Abneigung gegenüber Knöpfen hat, ist es am besten, wenn Sie dies einfach akzeptieren. Hinterfragen Sie das nicht, denn Ihr Kind wird Ihnen höchstwahrscheinlich nicht sagen können, was genau sein Problem ist. Das kann es nämlich einfach nicht ausdrücken, weil es nicht in Worte zu fassen ist. Kaufen Sie Ihrem Kind dann am besten einfach Kleidung mit Gummizug, weil Sie sich darauf eingestellt haben. Es gibt auch Jacken, welche einen Klettverschluss haben, und Sweat- oder T-Shirts anstelle von Hemden. Am besten ist es natürlich, wenn diese Eigenheit Ihres Kindes auch an anderer Stelle wie im Kindergarten oder in der Schule akzeptiert wird.

Wenn Sie Kleidung für Ihr Kind kaufen, nehmen Sie es am besten immer gleich mit. Dann kann es schon im Laden ausprobieren, ob damit alles für es in Ordnung ist. Versuchen Sie nicht, sein Empfinden als Schwachsinn abzutun. Denn hochsensible Kinder beiden Geschlechts fühlen sich in mancher Kleidung unter Umständen wirklich sehr stark gestört. Deshalb werden sie auch nicht nachgeben. Ersparen Sie sich also die Diskussionen und geben Sie Ihrem Kind nicht das Gefühl, sonderbar zu sein, sondern akzeptieren Sie sein Empfinden einfach. Lassen Sie an dieser Stelle Machtspiele unbedingt außen vor und überlassen Sie Ihrem Kind, was es anziehen möchte und was eben nicht. Wenn es sich dann entschieden hat, sollten Sie diese Linie möglichst auch konsequent verfolgen.

Sollten Sie bereits wissen, dass Ihr Kind hochsensibel ist, sind Ihnen die Probleme zum Thema Kleidung vermutlich nicht fremd. Vielleicht haben Sie auch schon Ihr eigenes Heilmittel dagegen gefunden. Denken Sie nur immer daran: Was bei dem einen Kind funktioniert, muss bei dem anderen nicht zwingend ebenfalls greifen. Auch hochsensible Kinder sind Individuen.

Beim Kauf können Sie z. B. auch darauf achten, besonders weiche Strümpfe zu nehmen, welche mit wenigen Nähten bereits auskommen. Sollte Ihr Kind im Winter keine Strumpfhose anziehen wollen, können Sie vielleicht einen Kompromiss finden, indem es sich auf eine weiche Leggings unter der Hose einlässt. Eine stabile Jogginghose kann eine Alternative zu einer kratzigen Jeans darstellen. Bei manchen Hosen kann es auch hilfreich sein, sie umgedreht mit der Naht nach außen zeigend zu tragen, auch wenn das vielleicht komisch aussehen mag. Wenn es Ihrem Kind darum geht, dass der Jeansstoff nicht weich genug ist, können Sie auch Cordhosen nehmen, denn diese sind weicher als Jeans.

Waschen Sie neue Kleidung immer vor dem ersten Tragen. Dann riecht sie für das Kind nach „Zuhause“ und es wird sich wohler damit fühlen. Um zu vermeiden, dass die Unterwäsche zwickt, sollten Sie sie vielleicht eine bis zwei Größen größer kaufen. Sehr weich und angenehm sind auch Hosen zu tragen, die aus Alpenfleece selbstgenäht wurden. Leicht, warm und ebenfalls kuschelig weich sind Mäntel aus Schurwolle. Trennen Sie jegliche Schilder aus der Kleidung Ihres Kindes immer komplett heraus, inklusive des Fadens, mit welchem sie vernäht sind. Achten Sie dabei besonders auf Plastiknähte, weil diese sehr stark kratzen können. Wenn Sie die gewaschene Wäsche im Trockner trocknen - sofern Sie denn einen haben - wird sie ebenfalls weicher werden.

Das Prinzip mit dem Tragen der Nähte nach außen lässt sich auch auf Strümpfe, Unterhemden und Unterhosen anwenden. Wenn Sie Schuhe online bestellen, bietet das den Vorteil, dass Sie sich Zeit beim Entscheiden lassen können und sie Ihr Kind zu verschiedenen Tageszeiten anprobieren lassen können. Anstelle eines normalen Winterpullis kann auch Skiunterwäsche getragen werden. Diese ist besonders warm und weich.

Tipps für den Alltag mit hochsensiblen Kindern

Wie wir bereits mehrfach herausgestellt haben, ist für hochsensible Kinder ein geregelter Alltag ganz besonders wichtig. Sie können Ihrem Kind behilflich sein, wenn Sie dafür sorgen, dass es mit möglichst wenigen Reizen konfrontiert wird. Lassen Sie den Fernseher oder das Radio ausgeschaltet, wenn Sie mit ihm spielen. Treffen mit anderen Kindern sollten nicht ständig, sondern nur ab und zu stattfinden und auch nur dann, wenn es das Kind nicht überfordert. Zu viele Spielzeuge auf einmal sollten ebenfalls vermieden werden.

Sorgen Sie außerdem dafür, dass Ihr Kind ausreichend Auszeiten bekommt. Dafür sollte es einen gesonderten Ort geben, an dem es sich ungestört zurückziehen kann. Wenn Sie zudem feste Abläufe und Rituale einführen, wird sich Ihr hochsensibles Kind sehr sicher fühlen. Es kann sich dann darauf einstellen, was passiert, weil es weiß, was kommt, und muss nicht permanent Angst vor ständigen Veränderungen haben. Auszeiten sind deshalb auch wichtig, damit genug Zeit und Raum für das Kind ist, um zur Ruhe zu kommen. Sollten Sie doch mal eine Veränderung planen, sollten Sie dafür viel Zeit einkalkulieren. Denn für ein hochsensibles Kind bedeuten Veränderungen jeder Art sehr viel Stress. Es langsam angehen zu lassen, kann viel bewirken. Ein Umzug kann hochsensible Kinder z. B. leicht aus der Bahn werfen. In der Regel dauert auch die Eingewöhnung in die Kita länger als bei anderen Kindern.

Es hilft dem Kind sehr, wenn Sie ihm mit viel Liebe und Geborgenheit begegnen. Davon brauchen besonders hochsensible Kinder sehr viel. Seien

Sie also stets für es da und nehmen Sie seine Bedürfnisse immer ernst. Wenn Sie ihm das Gefühl geben, es zu verstehen, schaffen Sie einen Ort für das Kind, zu dem es immer kommen kann, wenn es Sorgen hat. Das ist vor allem bei hochsensiblen Kindern wichtig, denn wenn sie sich nicht akzeptiert und angenommen fühlen, zweifeln sie sehr schnell stark an sich selbst. Ohnehin ist ihr Selbstwertgefühl meist nicht das beste.

Dennoch sollten Sie Ihr hochsensibles Kind nicht verhätscheln. Auch solche Kinder benötigen klare Grenzen. Sie müssen nicht in Watte gepackt werden. Das würde ihnen den Alltag auch nur noch mehr erschweren. Wenn sie dagegen Regeln haben, an denen sie sich orientieren können, sind sie viel eher in der Lage, gut zurechtzukommen.

Kommen Sie aber niemals auf die Idee, Ihrem Kind einen Schubs zu geben oder es anderweitig abhärten zu wollen. Denn das ist in keiner Weise hilfreich. Sie müssen immer bedenken: Die größte Herausforderung, vor der Ihr Kind permanent steht, ist die Reizüberflutung. Diese muss es bewältigen und dabei hilft es überhaupt nicht, wenn die Umwelt - im Besonderen die Familie - mit Unverständnis reagiert. Denn wenn Sie als Eltern Ihrem Kind das Gefühl geben, dass Sie es nicht akzeptieren, wie es ist, beeinträchtigt dies sein Selbstwertgefühl. Damit beginnt dann ein Teufelskreis.

Sehr empfindsame Menschen, wie es Hochsensible ja nun mal sind, geraten sehr leicht aus der Balance. Sie sind extrem leicht zu verunsichern. Ein Elternhaus, welches nicht liebevoll ist, in dem das Kind permanent gekränkt wird oder in dem es viel Stress gibt, wirkt sich auf ein hochsensibles Kind noch schlechter aus als auf ein normal sensibles. Dementsprechend sollte es auch als vorstellbar erscheinen, dass hochsensible Menschen generell viel anfälliger für psychische Störungen sind als andere.

Bedenken Sie auch, dass die Hochsensibilität nicht nur die Seele, sondern auch den Körper betrifft. Wenn Ihr Kind lange und tiefgründig über etwas grübeln muss, wird es wahrscheinlich nur sehr schwer in den Schlaf finden. Die ebenfalls empfindsamen Sinne, von denen zumindest einer ausgeprägt sein müsste, können zu einer sehr starken Lichtempfindlichkeit führen. Das macht sich z. B. beim Zahnarzt bemerkbar, wo das Kind dann trotz geschlossener Augen empfindlich auf das helle Licht der Lampe reagiert, indem z. B. seine Augen beginnen zu tränen. Laute Geräusche, wie etwa das Läuten einer Kirchenglocke, kann Ihr Kind unter Umständen auch als besonders störenden Krach wahrnehmen, auf den es sehr empfindlich reagiert. Gleiches gilt für unangenehme Gerüche oder eben haptische Dinge, wie das Kapitel zur Kleidung aufgezeigt hat.

Nehmen Sie Ihr Kind genauso an, wie es ist, und sehen Sie sich dabei als verständnisvolle und liebevolle Begleiter Ihres Kindes. Betonen Sie sein Persönlichkeitsmerkmal nicht besonders, achten Sie aber auch darauf, es nicht zu übergehen. Hilfreich hierbei kann es sein, wenn Sie den Blick auf die Stärken Ihres Kindes richten.

Nehmen Sie z. B. an, dass Ihr Kind sich sehr gerne zu Hause aufhält und sich nur selten verabredet. Das tut es, weil es spürt, wie gut ihm die Ruhe Zuhause tut. Würden Sie es in dieser Situation dazu drängen, sich mit anderen zu verabreden, würde dies das Gefühl in ihm auslösen, nicht richtig zu funktionieren. Vermutlich würde es direkt mit Selbstzweifeln geplagt werden. Denn vor allem hochsensible Kinder benötigen dringend eine Bestätigung, so angenommen zu werden, wie sie sind. Das brauchen sie in Kombination mit sehr viel Liebe, um Selbstvertrauen aufbauen zu können und Resilienz zu entwickeln.

Sehen Sie also das Positive an der Art Ihres Kindes, sich zurückzuziehen. Denn offensichtlich spürt es intuitiv, was gut für es ist. Darauf sollten Sie vertrauen. Die wenigsten Menschen haben eine so gut ausgeprägte Intuition wie Hochsensible. Lassen Sie unbedingt zu, dass Ihr Kind sich abgrenzt, wann immer es für es nötig scheint. Das ist wichtig, denn Hochsensible haben allgemein meist Probleme damit, sich von anderen abzugrenzen. Sollte Ihr Kind Mechanismen hierfür haben, sollten Sie ihm diese nicht abgewöhnen.

Sie sollten Ihr Kind auch dahingehend unterstützen und schützen, dass Sie Reizüberflutungen und Überforderung vermeiden. Das können Sie tun, indem Sie für einen entschleunigten Alltag sorgen und das Kind möglichst selten mit Zeitstress belasten. Planen Sie daher vor jedem Termin einen Puffer ein, welcher groß genug ist. Außerdem geben Sie Ihrem hochsensiblen Kind einen festen Halt, wenn Sie klare Alltagsstrukturen schaffen und Rituale einführen.

Versuchen Sie, auch nicht zu ändern, dass Ihr Kind gelegentlich seltsam pedantisch zu sein scheint. Das kann sich so äußern, dass alles am rechten Platz stehen muss und nicht umgestellt werden darf. Abendessen gibt es beispielsweise nur aus einer ganz bestimmten Schüssel etc. Ihr Kind handelt so, weil es spürt, dass ihm Konstanz guttut. Denn diese hilft ihm vor Überreizung. Bereiten Sie große Events, die mit viel Stress verbunden sind, wie einen Umzug, oder Schulwechsel etc., immer mit Bedacht und viel Vorbereitungszeit vor. Dabei kann es auch nicht schaden, wenn Sie viel Geduld mitbringen.

Seien Sie auf jeden Fall auch nicht zu streng mit sich selbst. Viele Eltern hochsensibler Kinder neigen dazu, sich Vorwürfe zu machen, wenn sie einmal anders reagieren, als es das Kind in der entsprechenden Situation gebraucht hätte. Tun Sie das nicht. Denken Sie immer daran, dass niemand perfekt ist. Wenn Sie also mal einen stressigen Tag haben und deshalb selbst gereizt und überfordert sind, kann sich das durchaus in der Reaktion gegenüber Ihrem Kind niederschlagen. Wichtig ist nur, dass Sie sich dieses Fehlers bewusst sind und sich bei Ihrem Kind entschuldigen, da dieses verletzt sein könnte. Erziehung ist ein Lernprozess – für alle Seiten gleichermaßen. Behalten Sie immer im Kopf, dass dieses spezielle Lernen auch die Beziehung zwischen Ihnen und Ihrem Kind zu etwas ganz Besonderem machen kann.

HOCHSENSIBLE SCHULKINDER

Wurde die Hochsensibilität noch nicht im Säuglings- oder Kleinkindalter festgestellt, macht sie sich zumeist spätestens in der Schulzeit bemerkbar. Je älter ein Kind wird, desto eher äußert sich die Hochsensibilität in Form von träumerischem und eher zurückgezogenem und introvertiertem Verhalten. Außerdem sind die Kinder eher langsam in dem, was sie tun, und schnell gestresst. Sie denken sehr viel, sind fantasievoll, empfindsam, empfindlich und werden oft als Einzelgänger wahrgenommen.

Sie nehmen alles detailreich wahr, sind dadurch leicht überfordert und eher ängstlich, introvertiert und abwartend. Der Kontakt zu Fremden fällt ihnen zwar schwer, doch durch ihre hohe Empathie und Sensibilität auf emotionaler Ebene können sie die Stimmungslage und Gefühle ihres Gegenübers sehr schnell erfassen. Hochsensible Kinder haben eine blühende Fantasie, sind ausgesprochen kreativ und haben einen sehr leichten Zugang zur Musik, zur Natur und zur Kunst. Sie kennzeichnen sich außerdem durch ein überdurchschnittlich gutes Langzeitgedächtnis. Hochsensible sind in der Regel sehr gut strukturiert, ordentlich und perfektionistisch. Aber sie brauchen zum Beispiel in der Schule sehr lange, um ihre Sachen zusammenzupacken, weil sie viel in der Gegend herumschauen. Außerdem sind sie ständig in Gedanken und wirken dadurch verträumt. Nicht selten kann es dazu kommen, dass ein Arzt eine Konzentrationsschwäche diagnostiziert und dem Kind das Träumerle-Syndrom anhängen will. Dieses geht aber mit ADHS einher und soll medikamentös behandelt werden. Wenn Ihr Kind aber wirklich hochsensibel ist, ist es kein Träumerle. Es muss einfach die vielen Eindrücke, die auf es einprasseln, nach und nach verarbeiten und dafür benötigt es nun mal viel Zeit. Nehmen Sie sich diese für Ihr Kind und unterstützen Sie es beim Lernen und den Hausaufgaben, anstatt es mit Medikamenten ruhigzustellen.

Außerdem zeigt sich die Hochsensibilität in der Schule gerne im Rahmen einer kritischen Äußerung seitens einer Autoritätsperson, also eines Lehrers, weil die Kinder schlecht mit Kritik umgehen können. Sie treten auch lieber als Einzelgänger auf und verstehen sich mit Älteren besser als mit Gleichaltrigen. Sie werden daher gerne als verhaltensauffällig bezeichnet und mit Diagnosen wie ADHS abgestempelt.

Tatsächlich kann es sein, dass die Hochsensibilität auch mit körperlichen Symptomen einhergeht. Das ist zum Beispiel oft dann der Fall, wenn die Familie die Hochsensibilität des Kindes nicht erkennt oder diese nicht akzeptiert und das Kind folglich auch nicht entsprechend seiner Entwicklung zu unterstützen bereit ist. Dadurch kann das Kind sich unverstanden fühlen und es sieht sich im permanenten Konflikt mit sich und seiner Umwelt. Eine verschlechterte Stimmungslage ist dann nur eine Konsequenz. Hinzu können vermehrte Kopfschmerzen, Verdauungsprobleme, Allergien und die Neigung zu Suchtverhalten kommen. Außerdem haben die Kinder im wahrsten Sinne des Wortes eine dünnere Haut als andere, weshalb Hauterkrankungen bei ihnen keine Seltenheit sind. Sie sind auch sehr schreckhaft und neigen bei zu viel Stress zu Ausschlägen, Magenschleimhautentzündungen und Durchfall.

Um die Psyche und damit letztendlich auch den Körper zu stärken, gibt es verschiedenste Möglichkeiten. Größere Kinder können sich mit der Teilnahme an Sportarten aus dem ostasiatischen Raum weiterhelfen, weil diese sich auf das innere „Ich" konzentrieren und dadurch eine entspannende Wirkung haben können. Den Kindern wird ein gutes Körpergefühl vermittelt und ihr Selbstvertrauen und Selbstwertgefühl werden gestärkt. Zu diesen Sportarten gehören unter anderem Judo, Karate und Taekwondo.

Außerdem wird den Kindern Sicherheit vermittelt, wenn die Tagesstrukturen festgelegte Regeln und Grenzen haben und es Rituale gibt. Sollte es mal zu einer Planänderung im Ablauf kommen, kann es hilfreich sein, dies dem Kind sehr frühzeitig mitzuteilen, da es sich dann besser darauf vorbereiten kann und es nicht so schnell zur Überforderung kommt. Ohnehin immer wichtig sind eine ausgewogene Ernährung und viel Bewegung. Im Zusammenhang mit der Hochsensibilität wirken vor allem Aktivitäten, die Kraft erfordern oder bei denen Druck oder ein Zug ausgeübt werden muss, beruhigend auf das Nervensystem. Das Kind fühlt sich dadurch einfach wohler in seiner Haut.

Sie sollten immer Wert darauf legen, dass Ihr Kind im Alltag genügend Ruhe- und Rückzugsmöglichkeiten hat. Das ist vor allem beim Eintritt in den Kindergarten und in die Schule wichtig. Denn hochsensible Kinder finden es meistens schwierig, mit anderen Kindern in Kontakt zu treten. Stattdessen beobachten sie lieber oder treten nur mit einem einzelnen Kind in Kontakt. Dadurch fällt es ihnen schwerer, Anschluss in einer Gruppe zu finden.

Hochsensible Kinder benötigen ganz besonders die Achtsamkeit und Unterstützung seitens ihrer Eltern. Denn wegen ihrer Veranlagung sind sie darauf ganz besonders angewiesen. Wenn Sie Ihrem hochsensiblen Kind Halt geben wollen, sollten Sie Rituale einführen und feste Tagesabläufe in einer gewohnten Umgebung mit bekannten Menschen schaffen. Dadurch erlangt das Kind Sicherheit. Jede Veränderung sollten Sie mit Ihrem Kind intensiv besprechen und es gut darauf vorbereiten.

Zum Thema Pause, Ruheraum und Rückzugsort ist es wichtig, dass Fernseher, Handy, Computer, Radio sowie Verkehrslärm, wilde Kindergeburtstage und laute Menschenmengen bewusst abgestellt werden, damit das Kind entspannen kann. Denn all diese Dinge sind sehr anstrengend für einen hochsensiblen Menschen, was einfach daran liegt, dass alle Reize in der gleichen Intensität bearbeitet werden müssen. Bei regelmäßigen Auszeiten im Kinderzimmer oder einer gemütlich gestalteten Kuschelecke kann das Kind sich erholen, beruhigen und neue Kraft für weitere Reize tanken.

Sie brauchen aber nicht den Eindruck zu haben, Sie müssten Ihr Kind in Watte packen und mit Samthandschuhen anfassen. Wenn Sie mehrere Kinder haben, gilt ganz besonders, dass die Vereinbarungen innerhalb der Familie von allen eingehalten werden müssen. So muss auch ein hochsensibles Kind daran erinnert werden, wenn es versäumt, pünktlich zu Essenszeiten zu erscheinen oder bestimmte Aufgaben im Haushalt zu erledigen, zu denen es verpflichtet ist.

Nutzen Sie seine Hochsensibilität aber auch als Chance, indem Sie mit Ihrem Kind ganz offen darüber sprechen. Dabei können Sie auch die Nachteile benennen. Denn als Hochsensibler wird man nun mal schnell müde, hat Schwierigkeiten, Freunde zu finden, und nervt andere oft damit, dass man auf zu viele Details eingeht und immer in der Tiefe diskutieren will. Dennoch gibt es ja auch sehr viele Vorteile. Als Hochsensibler hat Ihr Kind ein ausgezeichnetes Gedächtnis, versteht sehr komplizierte Dinge meist schneller als andere und kann wegen seiner Begabung in sehr interessanten Fachbereichen arbeiten, wie der Kriminologie, der Psychotherapie oder der Diplomatie.

Scheuen Sie sich übrigens nicht davor, professionelle Unterstützung aufzusuchen. Statt eine Selbstdiagnose vorzunehmen, sollten Sie, sobald Sie den Eindruck haben, Ihr Kind könnte hochsensibel sein, einen Experten aufsuchen, um diesen die Vermutung bestätigen zu lassen. Sie müssen sich auch nicht fürchten, wenn Ihr Kind hochsensibel ist. Denn das ist keine Krankheit. Seien Sie offen für die besonderen Ausprägungen seiner persönlichen Eigenschaften. Bedenken Sie immer, dass diese in der heutigen Gesellschaft, die schnelllebig und laut ist, zu seelischen und körperlichen Missempfindungen führen können, weshalb Sie Ihr Kind immer unterstützen sollten.

Denn in unserer Mediengesellschaft, in der jeder täglich mit etlichen Informationen konfrontiert wird und die Leistung immer eine wichtige Rolle spielt, ist eine Reizüberflutung geradezu vorprogrammiert. Viele hochsensible Kinder sind daher ständig überfordert. Dann kann professionelle Hilfe in Form eines Kinderpsychologen etc. hilfreich sein. Denn die Überforderung der Kinder kann aufgefangen werden. Das ist vor allem dann wichtig, wenn Sie als Eltern selbst hochsensibel sind oder ein unzureichendes Verständnis für das Verhalten Ihres Kindes zu entwickeln vermögen. Fachexperten können dann nicht nur dem Kind helfen, sondern der ganzen Familie. Hierzu zählen auch Psychologen und Ergotherapeuten.

Machen Sie aber nicht den Fehler, Ihr hochsensibles Kind permanent vor einer Überstimulation schützen zu wollen, indem Sie es gänzlich abschotten. In einer Welt voller Reizüberflutungen würden Sie mit einer solchen Maßnahme nur sich selbst als Eltern überfordern. Sorgen Sie stattdessen dafür, dass Ihr Kind genügend Möglichkeiten hat, um sich zurückzuziehen.

Das ist wichtig, denn wenn es reizüberflutet ist, kann es sich dort erholen und neue Kraft tanken, um neuen Reizen begegnen zu können und die erlebten zu verarbeiten. Gelegentliche Reizüberflutungen können sogar stärkend wirken, weil Ihr Kind dadurch realisiert, dass es aus diesen Situationen immer wieder herauskommt. Kritisch wird es erst bei einer permanenten Überstimulation, weil sich diese dann früher oder später auch negativ auf das körperliche Wohlbefinden auswirken wird.

Es kann dem Kind deshalb sehr helfen, wenn es einen festen Rhythmus hat. Hierzu zählt unter anderem ein fixer Tagesablauf. Dieser muss aber genügend Pausen beinhalten. In Zeiten, in denen alles durcheinanderkommt, wie an Weihnachten oder in den großen Sommerferien, kann es helfen, wenn Sie das als Eltern im Vorfeld wissen und bereits größere Pufferzeiten einkalkulieren können. Lassen Sie Ihr Kind, wenn Sie es vom Kindergarten oder der Schule abgeholt haben, erst einige Minuten in seinem Zimmer herunterfahren, wenn es das möchte, anstatt es direkt zum Essen zu rufen.

Die Pausen sind auch deshalb wichtig, weil im Kopf eines hochsensiblen Kindes den ganzen Tag Hochbetrieb herrscht. Es ist daher von Vorteil, wenn Sie auch die Wochenenden nicht mit Aktivitäten vollpacken, damit das Kind sich von den Eindrücken und Reizen der Woche ausreichend erholen kann.

Insbesondere Schulkinder werden damit konfrontiert, dass die Anforderungen an sie rasant ansteigen. Dies stellt sich vor allem für Hochsensible als Herausforderung dar. Als Eltern können Sie Ihr Kind dahingehend unterstützen, dass Sie es sich zu Beginn ausschließlich auf die Schule konzentrieren lassen. Fordern Sie nicht zusätzlich noch Hobbys von ihm, welche es fordern und anstrengen können. Da es in der Schule meist laut ist, benötigen die Kinder Zuhause eine Ruheoase, um sich davon erholen zu können.

Freizeitbeschäftigungen mit Tieren in Form von Reiten oder Spaziergängen mit dem eigenen Hund können sehr entspannend für hochsensible

Kinder sein. Gleiches gilt für eine Verabredung mit dem besten Freund. Was Sie nur eingeschränkt zulassen sollten, ist die Nutzung von Computern oder Fernsehern. Das Sozialverhalten eines hochsensiblen Kindes unterscheidet sich häufig von dem anderer Kinder. Die meisten hochsensiblen Kinder haben nicht das Bedürfnis danach, permanent mit anderen spielen zu können. Machen Sie als Eltern nicht den Fehler, dafür kein Verständnis zu entwickeln. Sie müssen auch nicht befürchten, dass Ihr Kind sich nicht gut entwickeln kann, wenn es nur wenige soziale Kontakte hat. Als hochsensible Person profitiert Ihr Kind schon von ein bis zwei guten Freunden, denn diese stillen sein Kontaktbedürfnis hinreichend. Drängen Sie Ihr Kind also nicht dazu, sich mit vielen anderen Kindern zu treffen, wenn es das nicht möchte. Denn dadurch können Sie es leicht überfordern.

Außerdem kann es dann wegen seiner starken Wahrnehmung auch leicht das Gefühl bekommen, mit ihm stimme etwas nicht. Sie sollten allerdings dann aufpassen, wenn sich Ihr Kind immer mehr zurückzieht und keine Freunde hat. Gehen Sie in einem solchen Fall als Eltern in die Offensive und Sie laden ab und zu ein Kind zu sich nach Hause ein. Denn auch hochsensible Kinder brauchen Sozialkontakte, um nicht zu vereinsamen und glücklich sein zu können. Doch wie bereits angesprochen, gibt es auch Unterschiede zwischen den hochsensiblen Kindern. Die meisten, etwa zwei Drittel, sind introvertiert. Das andere Drittel ist aber extrovertiert. Es ist also nicht zwingend so, dass hochsensible Kinder ruhig, friedlich und leise sind. Ganz im Gegenteil, sie können auch aktiv und gesellig sein.

Was sie dennoch gemeinsam haben, sind Wutausbrüche oder Explosionen, die scheinbar aus dem Nichts kommen. Das kann bei Überforderung der Fall sein. Eine andere mögliche Reaktion auf einen solchen Zustand ist die Implosion, während der Kinder sich vollständig zurückziehen.

Auch zwischen den Geschlechtern zeigen sich markante Unterschiede, die darauf zurückzuführen sind, welches Rollenbild den Kindern anerzogen wurde. Bei Mädchen bleibt die Hochsensibilität daher öfter unentdeckt als bei Jungen. Denn aus gesellschaftlicher Sicht gelten Eigenschaften wie friedliebend, empfindlich, zurückhaltend und ruhig als völlig normal, wenn ein Mädchen diese an den Tag legt. Bei Jungen stechen sie schon eher ins Auge und die Betroffenen haben eher Schwierigkeiten damit, ihre gesellschaftliche Rolle zu erfüllen. Daher sind diese Jungs oftmals einem solchen Ausmaß an Druck ausgesetzt, dass sie sich in ihrer Not den anderen anpassen, damit sie akzeptiert werden.

Um Ihr Kind dabei zu unterstützen, mit anderen Kindern in Kontakt zu kommen, können Sie ihm Angebote machen, wie zum Turnen zu gehen etc. Seien Sie aber nicht enttäuscht, wenn Ihr Kind diese Angebote ablehnt. Beobachten Sie, wann immer Sie die Gelegenheit dazu haben, wie Ihr Kind auf Reize innerhalb einer Gruppe reagiert. Planen Sie seine Freizeit immer nach dem Prinzip „Weniger ist mehr.“ Hierfür ist es notwendig, dass Sie daran arbeiten, gelassen zu bleiben. Lassen Sie sich vor allem nicht von anderen Eltern oder gar Kinderlosen beeinflussen, denn das Leben Ihres Kindes ist nicht missraten, wenn es im Kindergartenalter keinen Schwimmkurs besuchen möchte. Ein hochsensibles Kind ist sehr stark auf Beziehungen ausgerichtet. Wenn es eine gute Beziehung zu seiner Bezugsperson hat, kann es über sich selbst hinauswachsen. Umgekehrt kann es sein, dass gar nichts mehr geht, wenn es eine ganz schlechte Beziehung zu seiner Bezugsperson hat. Denn als hochsensible Person benötigen solche Kinder ein hohes Maß an Orientierung. Deshalb ist es auch besonders wichtig, dass Sie im Vorfeld mit Ihrem Kind darüber sprechen, falls es etwas Neues zu erleben geben sollte. So ist es auch gut möglich, dass ein solches Kind die ersten Tage der Ferien dafür braucht, um darin anzukommen und sich darauf einzustellen, weil es noch den Schulalltag verinnerlicht hat.

Es ist wichtig, dass Sie sich als Eltern von dem Gedanken verabschieden, dass Ihr Kind zwangsläufig in seinem späteren Leben Probleme haben wird, weil es hochsensibel ist. Das muss nämlich nicht so sein. Wenn Sie es von Anfang an in seiner Kindheit unterstützen, kann es lernen, was ihm dabei hilft, eine Situation durchzustehen, in welcher es reizüberflutet ist. Es sollte die Möglichkeit aufgezeigt bekommen, sich an seinen Ressourcen zu orientieren. Sie müssen Ihrem Kind dafür immer genügend Zeit einräumen, denn manche hochsensiblen Kinder brauchen einfach länger, weil sie die aufgenommenen Informationen so gründlich verarbeiten. Das kann dann auch damit einhergehen, dass sie mehr Vorbereitung auf eine bevorstehende Veränderung benötigen. Eine solche Veränderung kann der Eintritt in den Kindergarten oder in die Schule darstellen.

Wenn Ihr Kind überstimuliert ist, wirkt sich dies häufig auf seinen Körper aus. Viele Kinder klagen dann über Bauch- oder Kopfschmerzen. Durch das Auflegen eines Kirschkernkissens können Sie den Bauch Ihres Kindes entspannen und durch einen Aufenthalt in der freien Natur können Sie Kopfschmerzen entgegenwirken. Jedes Kind reagiert natürlich anders auf solche Maßnahmen, sodass manchen statt eines Kirschkernkissens auch ein Stressball oder eine Rückenmassage helfen kann. Sollten Sie von sich selbst wissen, dass Sie auch hochsensibel sind und diese Eigenschaft an Ihr Kind vererbt haben, sollten Sie nicht von den Erfahrungen Ihrer eigenen Kindheit auf die Ihres Kindes schließen. Das kann dann nämlich dazu führen, dass Sie permanent unter großer Anspannung stehen. Versuchen Sie dann stattdessen, gelassen zu bleiben, und distanzieren Sie sich von Ihrer eigenen Vergangenheit bzw. kommen Sie mit dieser ins Reine. Was Sie auf keinen Fall tun sollten, ist, Ihr Kind zu belächeln, indem Sie es als Mimose bezeichnen und abstempeln. Sprechen Sie solche Sätze wie „Stell dich nicht so an" nicht aus, denn Ihr Kind stellt sich nicht an, weil es tatsächlich in der von ihm geschilderten Weise empfindet. Wenn Sie Ihr Kind so angehen, erreichen Sie damit nichts Gutes, weil Sie dann die von ihm wahrgenommenen Tatsachen verleugnen und ihm dadurch das Gefühl vermitteln, es dürfe nicht so sein, wie es eben ist. Wenn Sie ihm das oft genug vermitteln, wird es über kurz oder lang nicht mehr mit seinen Sorgen zu Ihnen kommen, und Sie als Eltern verlieren den Zugang zu seiner Gefühlswelt und seinen Bedürfnissen.

Vergegenwärtigen Sie sich als Eltern immer, dass Hochsensibilität keine Krankheit und auch keine psychische Störung ist. Messen Sie ihr daher auch nicht zu viel Bedeutung bei. Denn wenn Sie das tun, können Sie die Effekte, welche von ihr ausgehen, auch zusätzlich noch verstärken. Sie sollten also nicht glauben, dass sich die ganze Welt nur noch um die Hochsensibilität Ihres Kindes drehen muss. Denn dadurch wird die Lücke zwischen dem hochsensiblen Kind und den Normalsensiblen immer größer. Prüfen Sie daher immer, welche eigenen Motive Sie haben, bevor Sie der Erzieherin im Kindergarten oder der Lehrerin in der Grundschule von der Hochsensibilität Ihres Kindes erzählen. Sie sollten nicht das Risiko eingehen, dass andere Ihr Kind aus Unwissenheit abstempeln und ihm dadurch das Gefühl geben, nicht normal zu sein. Wenn eine Aufsichtsperson aber von sich aus auf Sie zukommt oder offen für das Thema ist, kann ein offenes Gespräch über die Hochsensibilität Ihres Kindes auch eine Entlastung für alle daran Beteiligten darstellen.

Mit der Umstellung vom Kindergarten in die Schule stellt sich Ihr Kind einer weiteren großen Herausforderung. Es gibt nun keine individuellen Rückzugsmöglichkeiten mehr. Hinzu kommt, dass der Schulalltag schnelllebig und laut ist. Leistungsdruck und soziale Herausforderungen stellen weitere Faktoren dar, mit denen Ihr Kind sich nun konfrontiert sieht.

Bereiten Sie Ihr Kind prinzipiell genauso auf die Schulzeit vor, wie damals auf den Kindergarten. Leisten Sie Aufklärungsarbeit, wählen Sie die richtige Schule sowie den richtigen Zeitpunkt und bereiten Sie vor allem Ihr Kind auf den nächsten großen Schritt in seinem Leben ganz intensiv vor. Schauen Sie darauf, ob die Schule über einen Schulhof mit vielen Bäumen und Grünflächen verfügt. Prüfen Sie zudem, ob es Alternativen zu den herkömmlichen Schulformen gibt. Diese können Waldorf- oder Montessorischulen sein. Sind die Schulklassen groß?

Wenn Ihr Kind dann dort ist: Kommt es gut mit dem Klassenlehrer zurecht? Prüfen Sie, wie dessen Haltung gegenüber hochsensiblen Kindern ist. Hierbei sollten Sie auch wieder darauf achten, ob die Bedürfnisse Ihres Kindes berücksichtigt und ernst genommen werden. Reviere gewinnen in der Schulzeit für hochsensible Kinder an Bedeutung. Denn von nun an wird es sich an immer mehr verschiedenen Orten aufhalten. Neben Ihrem Zuhause gehören das Klassenzimmer, die Mensa, eventuell der Schülerhort und die Sporthalle zu seinen Aufenthaltsorten dazu. Ausflugsziele und Freizeitaktivitäten können die Anzahl dieser Orte ebenfalls steigern. Diese unterschiedlichen Orte können einen zusätzlichen Reizfaktor darstellen. Es wird dann umso wichtiger für Ihr Kind, einen Rückzugsort zu haben, an dem es sich sehr wohlfühlt. Hier können sanfte Farben, möglichst wenig Muster und eine aufgeräumte Umgebung helfen. Wenn Ihr Kind sein Zimmer mit seinen Geschwistern teilen sollte, sollte es eine private Ecke bekommen, in der es sich zurückziehen kann.

Wenn die Möglichkeit besteht, sollten Sie dafür sorgen, dass Ihr Kind mit einem Freund aus dem Kindergarten zusammen eingeschult wird. Das hilft ihm dabei, ein Gefühl der Kontinuität zu empfinden, und gibt ihm Sicherheit in der Interaktion mit anderen Kindern.

Trotz des aufregenden und oftmals quirligen Schulalltags sollte Ihr Kind auch noch genügend Ruhe bekommen. Dafür müssen Sie als Eltern unbedingt Sorge tragen. Prüfen Sie, ob es während der Pausenzeiten auch im Klassenzimmer bleiben darf oder Gruppenarbeiten allein erledigen kann. Jeder Schulausflug sollte gründlich vorbereitet werden und keine Pflicht sein. Auch die Freizeit, also meistens den Nachmittag, sollten Sie als Eltern nicht so actionreich gestalten. Gönnen Sie Ihrem Kind die Zeit, welche es braucht, um die von ihm aufgesammelten Eindrücke zu verarbeiten. Hierbei können Sie in Kooperation mit ihm gemeinsam herausfinden, was ihm guttut. So können Sie häufig auch die Schlafprobleme Ihres Kindes reduzieren. Sie können Ihr Kind zudem emotional entlasten, indem Sie ihm klarmachen, dass es sich um bestimmte Dinge nicht zu kümmern braucht, weil Sie als Eltern dies für ihr Kind tun.

Um Mobbing in der Schule vorzubeugen, können Sie sicherstellen, dass sowohl die Lehrer als auch die Mitschüler über die Hochsensibilität Ihres Kindes informiert sind. Damit kann das Kind zusätzliche Sicherheit erlangen.

Hochsensible Teenager

In der Pubertät bleibt die Hochsensibilität natürlich weiterhin bestehen. Der Unterschied ist, dass sich aus dem kindlichen Charakter erwachsene Wesenszüge entwickeln. Das Kind verändert sich, was oft zur Folge hat, dass die Beziehung zwischen den Eltern und ihm schwächer wird. Denn das Kind wird selbständiger und zeigt Ihnen das auch deutlich. Dennoch birgt diese Veränderung seines Wesens auch einige Unsicherheiten. Vergessen Sie nicht, dass Hochsensiblen jede Veränderung schwerfällt.

Versuchen Sie also, an der bisher starken Beziehung zu Ihrem Kind festzuhalten. Mit einer guten Vertrauensbasis kann Ihnen das leicht gelingen. Denn in Zeiten der großen Veränderungen können Sie ein sicherer Hafen für Ihr Kind sein. Hochsensible Jugendliche, welche diesen nicht haben, sind insbesondere dafür anfällig, sich extrem zurückzuziehen und dementsprechend auf ungesunde Art und Weise die Flucht zu ergreifen. Ebenso können sie sich zu sehr von anderen Menschen abhängig machen, verfrüht sexuell aktiv werden und ihre Ausbildung abbrechen. Gleiches gilt für einen überhöhten Medienkonsum oder Suchtmittel.

Jeder Teenager trägt sowohl eine kindliche als auch eine erwachsene Seite in sich. Je nachdem, welche der beiden Seiten gerade die Überhand hat, braucht das Kind beim erwachsenen Teil viel Anerkennung und Respekt, beim kindlichen aber Unterstützung und Zuwendung.

Stellen Sie Ihrem Kind in dieser Phase unbedingt viele Informationen zum Thema Hochsensibilität zur Verfügung. Vermeiden Sie hierbei unbedingt jede Form der Belehrung, aber seien Sie offen für Gespräche. Wenn Sie Erfahrungsberichte anderer Personen, insbesondere Jugendlicher finden, kann das dabei helfen, die Thematik zu enttabuisieren, sodass Ihr Kind sich nicht mehr komisch oder anders fühlt. Entwickeln Sie auch kreative Strategien. Gemeinsam können Sie herausfinden, welche Strategien ihm bei bewusster Anwendung helfen, Reize abzubauen. Versuchen Sie, diese zur Selbstfürsorge dann in seinen Alltag zu integrieren. In Form einer

Familienkonferenz können Sie sich gegenseitig austauschen. Das ist wichtig, weil vor allem ältere Kinder immer mehr ihr eigenes Ding machen. Eine solche Konferenz bietet den Rahmen und den Raum für jede Selbstmitteilung. Sie können einen wöchentlichen Termin festlegen, für eine ungezwungene, angenehme Atmosphäre sorgen, sich reihum mit der Moderation abwechseln und Protokoll führen. Ein Stab, der die Redeerlaubnis kennzeichnet, kann ebenfalls ein gutes Instrument sein.

Beginnen Sie unbedingt damit, dass jeder über etwas Positives berichtet. Anschließend können Sie über Themen sprechen, welche Sie alle betreffen. Für Streitthemen kann dann eine gemeinsame Lösung erarbeitet werden. Geburtstagsfeiern lassen sich organisieren und die Mithilfe im Haushalt kann organisiert werden.

Jeder Beschluss sollte einstimmig gefasst werden. Wenn Uneinigkeit herrscht, sollten Sie den Beschluss auf die nächste Konferenz vertagen. Denn in der Zwischenzeit entstehen gerne mal neue Lösungsansätze und -ideen. Jede Familienkonferenz sollte mit einem gemeinsamen Ritual beendet werden. Das kann ein Spiel, ein Eis, ein Filmabend etc. sein.

SO KÖNNEN SIE IHR KIND AUF HOCHSENSIBILITÄT TESTEN LASSEN

Wenn Sie nach allem, was Sie bisher gelesen haben, immer noch nicht ganz sicher sind, ob es sich bei Ihrem Kind um ein hochsensibles handelt, können Sie dies beim Kinderpsychologen im Anschluss an eine Beratung testen lassen. Das ist vor allem dann sinnvoll, wenn Sie bei sich selbst eine Hochsensibilität vermuten oder bereits wissen, dass Sie hochsensibel sind. Beim Kinderpsychologen kann ermittelt werden, ob das Kind eventuell an ADS oder Autismus leidet, hochbegabt oder tatsächlich hochsensibel ist. Diese Eigenschaften überschneiden sich ja, wie bereits erwähnt, in manchen Punkten. Am besten besprechen Sie dann auch mit ihm weitere Schritte, um besser auf die Bedürfnisse Ihres Kindes eingehen zu können. Prinzipiell sind hochsensible Kinder natürlich schon eine besondere Herausforderung, was ihre

Förderung und Unterstützung angeht. Denn sie benötigen viel Feingefühl für ihre Bedürfnisse, spezielle Aufmerksamkeit und Anpassungen. Am wichtigsten ist es wirklich, das Kind genauso anzunehmen, wie es ist. Auch dann, wenn es Ihre Erwartungen vielleicht nicht erfüllen mag. Denken Sie nicht, dass Ihr hochsensibles Kind schwach wäre. Wenn Sie als Eltern zusammen mit Ihrem Kind den Umgang mit dieser besonderen Ausprägung lernen, wird es Ihnen sehr leichtfallen, die große Stärke, welche die Sensibilität mit sich bringt, zu erkennen.

Stärken Sie das Selbstbewusstsein und Selbstwertgefühl Ihres Kindes. Das können Sie erreichen, indem Sie keine generalisierten Drohungen aussprechen. Damit gemeint sind Sätze wie „Wenn du das jetzt machst, wirst du es nie zu etwas bringen." Seien Sie zudem ein Vorbild für Ihr Kind oder versuchen Sie es zumindest. Und akzeptieren Sie es, wenn Ihr Kind lieber allein für sich spielen möchte, anstatt mit anderen. Versuchen Sie dann nicht, es vom Gegenteil zu überzeugen, denn Ihr Kind spürt schon, was in dem Moment besser für es ist.

Zeigen Sie Ihrem Kind unbedingt auch Ihre Wertschätzung. Das können Sie tun, indem Sie ihm sagen, dass Sie es toll finden, wie neugierig und eifrig es immer bei der Sache ist. Außerdem wird es sich wertgeschätzt fühlen, wenn Sie Verständnis für seine Müdigkeit zeigen und dafür, dass es immer mal wieder seine Ruhe braucht.

Am wichtigsten ist, dass Sie Ihr Kind nicht mit anderen Kindern vergleichen, da es nun mal anders ist. Hochsensible Kinder beschäftigen sich sehr lange mit Geschehnissen, vor allem, wenn diese schlimm für sie waren, das kann der Umgang eines anderen Menschen mit ihnen sein oder auch der Tod eines geliebten Haustiers. Der Grund hierfür liegt in der überaus intensiven Empfindung von Gefühlen hochsensibler Kinder.

Dementsprechend reagieren sie auch sehr weitreichend auf alles, was ihnen passiert. Da kann es schon mal vorkommen, dass eine schlechte Note lange nachhängt. Weil Hochsensible an allen Ecken und Enden Probleme wittern, haben sie einige Sorgen, zeigen aber auch unwahrscheinlich viel

Mitgefühl gegenüber anderen. Sie sind Meister darin, alle Geschehnisse auf sich selbst zu beziehen und mit ihrer Person zu verbinden. Deshalb nehmen sie auch alles persönlich und kommen mit Kritik nicht gut zurecht. Die Aussagen anderer zur eigenen Person werden sehr lange durchdacht und intensiv hinterfragt. Viele Hochsensible tun sich auch schwer damit, eine Entscheidung zu treffen. Das kann aber auch so aussehen, dass sie sich schnell festlegen, die Entscheidung dann aber nicht beständig ist, sondern noch häufig umgeworfen wird. Dementsprechend werden sie von anderen gerne als sprunghaft wahrgenommen.

Aufgrund des geringen Selbstwertgefühls hochsensibler Kinder konfrontieren sie sich selbst gerne mit Vorwürfen. Dementsprechend ärgern sie sich auch ganz besonders über jeden Fehler, den sie machen und empfinden alles als deutlich schlimmer als es bei anderen Kindern der Fall ist. Wenn sie z. B. eine schlechte Note haben, werfen sie sich noch tagelang vor, dass sie mehr hätten lernen und sich besser hätten vorbereiten sollen. Allerdings sind Hochsensible auch überaus detailverliebt.

Jede Veränderung in ihrem Umfeld bemerken sie sofort und sie erkennen jede noch so geringfügige Stimmungsschwankung. Ihre Intuition ist ausgezeichnet, weshalb sie sich immer darauf verlassen können und auch sollten, was ihnen ihr Gefühl vermittelt. Aufgrund der ausgeprägten Empathie sind hochsensible Kinder bestens für die Arbeit im Team geeignet. Denn sie können sich wunderbar eingliedern, haben eine ausgezeichnete Menschenkenntnis und sind gut darin, Probleme zu analysieren. Da es ihnen aber oft schwerfällt, Entscheidungen zu treffen, sind sie als Teamleiter gerne mal überfordert.

Besonders achtsam sollten Hochsensible auch mit sich selbst umgehen in Bezug auf ihre Lärmempfindlichkeit. Denn sie sind nicht in der Lage, sich an wiederkehrende Geräusche zu gewöhnen. Laute Klassenzimmer und später Großraumbüros sind Orte, an denen Hochsensible enorm viel Stress empfinden. Für das spätere Arbeitsleben gilt es also, ein Einzelbüro anzustreben. Wenn ein hochsensibles Kind mit Bindungen und allgemein

Beziehungen schlechte Erfahrungen gemacht hat, neigt es ganz besonders dazu, ängstlich oder depressiv zu sein. Vor allem dann, wenn die Eltern sich trennen, beziehen Hochsensible einen solchen Umstand gerne auf sich selbst und leiden dann noch mehr darunter, als es ohnehin schon der Fall ist. Sport machen hochsensible Kinder auch viel lieber allein als mit anderen zusammen, weil sie nur sehr ungern beobachtet werden wollen und einen völlig anderen Grundumsatz haben als die anderen.

Sie sind nämlich viel schneller erschöpft, weshalb Leistungssport eher nicht das Richtige für Hochsensible ist. Das Spielen eines Musikinstruments zu erlernen oder Schach zu spielen, kann an dieser Stelle besser sein. Aufgrund ihrer großen Abneigung gegenüber jeglicher Form von Gewalt fühlen sie sich oft schlecht, wenn sie mit solchen Szenen in Form eines Films, Computerspiels etc. konfrontiert werden. Dann fühlen sie sich selbst sehr belastet und haben noch tagelang Angst und Alpträume. Krimis und andere brutale Filme sind daher unbedingt zu vermeiden. Die empathische Ader macht sich aber auch dahingehend bemerkbar, dass hochsensible Kinder äußerst sozial und hilfsbereit sind.

Außerdem achten sie sehr auf gute Manieren. Deshalb vermeiden sie es auch, vor anderen zu schmatzen, zu pupsen, zu rülpsen etc. Sollten Sie einmal Kritik an Ihrem hochsensiblen Kind üben müssen, sollten Sie diese sehr vorsichtig formulieren. Bedenken Sie stets, dass Ihr Kind Kritik nur schwer annehmen kann und solche Situationen daher eher zu vermeiden versucht. Denn die Verarbeitung der Kritik und die Betroffenheit darüber sind unheimlich groß. Damit einher geht der überhöhte Anspruch, den solche Kinder an sich selbst haben. Es ist sehr schwierig für sie, mit sich und der eigenen Leistung zufrieden zu sein.

Zeigen Sie also immer Interesse für die Gefühle und Empfindungen Ihres Kindes. Verspotten Sie es niemals und lachen Sie es nicht aus. Sie müssen unbedingt erkennen, dass Sensibilität keine Schwäche ist, sondern sehr viele Vorteile mit sich bringen kann. Damit Ihr Kind sein Zuhause als sicheren Zufluchtsort ansehen kann, sollten Sie stets für ein harmonisches

Miteinander sorgen. Hierbei kann es auch hilfreich sein, den Alltag zu entschleunigen und die Umgebung möglichst reizarm und ruhig zu gestalten. Wenn Sie für möglichst viel Routine und wenige Veränderungen sorgen, können Sie Ihrem Kind damit Halt geben und ihm Sicherheit vermitteln. Bezüglich der Veränderungen müssen Sie wissen, dass auch schon kleinste Anpassungen für ein hochsensibles Kind einen enormen Unterschied machen können. Wenn Sie z. B. von Ihrem Kind wissen, dass es Jeans nicht mag, kaufen Sie einfach Stoffhosen, und sollte Ihr Kind, wie es für Hochsensible typisch ist, Kritik nicht gut vertragen, versuchen Sie doch einfach, ihm auf Augenhöhe zu begegnen, wenn Sie etwas zu bemängeln haben, anstatt wie eine Autoritätsperson aufzutreten.

In Ihrer Erziehung sollten Sie als Eltern immer darauf achten, das so Kind zu belassen, wie es ist, und nicht zu versuchen, es umzuerziehen. Denn Sie sollten ihm nie den Eindruck vermitteln, mit ihm stimme etwas nicht. Vergessen Sie nie, dass Ihr Kind nicht absichtlich schwierig sein und Sie belasten möchte. Stattdessen versucht es durch sein ausgeprägtes Harmoniebedürfnis immer, es allen recht zu machen, auch wenn das bedeutet, dass es sich selbst dafür verbiegen muss. Im Grunde genommen möchte es sich aber immer anpassen.

Andererseits darf das Kind aber auch nicht von der Welt isoliert und in Watte gepackt werden. Das ist ein Szenario, zu dem vor allem diejenigen Eltern neigen, welche selbst hochsensibel sind. Denn weil sie selbst hochsensibel sind, können sie sich besonders gut in ihr Kind hineinversetzen und wissen, wie grausam die Welt für es sein könnte. Daher möchten sie es beschützen. An dieser Stelle ist es aber besser, wenn versucht wird, ein Gleichgewicht herzustellen. Sollten Sie auch hochsensibel sein, sollten Sie ihre eigenen Handlungen dem Kind gegenüber stets hinterfragen, um es positiv zu beeinflussen. Schüren Sie keine unnötigen Ängste bei Ihrem Kind, sondern geben Sie ihm beispielsweise Abwehrmechanismen an die Hand, um es vor potenziellen Gefahren besser schützen zu können.

So können Sie als Eltern besser in die Welt der Hochsensibilität eintauchen

Kommen wir nun zu einem Einblick, wie Ihr hochsensibles Kind sich fühlen könnte, wenn es ein gesundes Selbstwertgefühl aufgebaut hat. Ein hochsensibles Kind wird oft von tiefen Emotionen begleitet. Es ist sehr feinfühlig und sozial. Als Kind hat es auch das Glück, noch sehr viele Emotionen zu spüren, während andere sich über die Jahre im Laufe ihres Lebens verschließen.

Das kann verschiedene Ursachen haben. Zum einen kann es sein, dass sie so erzogen oder ihnen die Emotionen aberzogen wurden. Vielleicht neigt ja auch Ihr Kind dazu, sich selbst und seine Gedanken besser zu finden und ordnen zu können, wenn es etwas schreibt. Das Führen eines Tagebuchs kann dem Kind sehr helfen, die aufgenommenen Reize zu verarbeiten und schneller loszulassen. Helfen Sie ihm dabei, sich selbst besser kennenzulernen und mehr Gefühle in sein Leben zu lassen.

So kann es sich von diesen leiten lassen, wobei hiervon natürlich auch die Gefahr ausgeht, von anderen verletzt zu werden. Deshalb sollten Sie Ihr hochsensibles Kind davor warnen, dass die meisten Menschen, denen es im Laufe seines Lebens begegnen wird, es nicht gut mit ihm meinen und ausschließlich auf das Realisieren ihrer eigenen Interessen bedacht sind. Erklären Sie ihm, dass es fremde Menschen nicht zu schnell in seine Gefühlswelt eintauchen lassen sollte, indem es ihnen davon erzählt. Denn viele, vor allem andere Kinder, können sehr grausam sein, wenn es darum geht, einem anderen Menschen Schaden zuzufügen.

Vielleicht mag ja auch Ihr Kind an sich, dass es zum einen sehr laut werden kann, während es in seinem tiefsten Inneren unheimlich leise ist. Diese Gegensätze können zu einer wunderbaren Mischung des Charakters führen, der wahrlich einzigartig ist. Ein hochsensibles Kind versteht es, in die Gefühlswelten anderer Menschen einzutauchen und sich in deren jeweilige Situation bestens einzufühlen. Deshalb gelingt es ihm auch so gut, Problemen auf den Grund zu gehen und Lösungen für diese zu entwickeln. Ein hochsensibles Kind muss im Laufe seines Lebens lernen, an Krisen, am Leben als solches, aber auch an glücklichen Momenten zu wachsen.

Ein hochsensibles Baby ist in seinem ersten Lebensjahr noch voll und ganz auf Ihre Liebe und Fürsorge angewiesen, da es sich noch überhaupt nicht selbst helfen kann. Deshalb bedarf es eines besonderen Schutzes und aller Liebe, die Sie zu geben haben. Das hat jedes Kind verdient, aber ein hochsensibles benötigt das umso mehr. Lassen Sie sich niemals von anderen Menschen verunsichern, die auch bemerken, dass Ihr Kind anders ist. Das Schlimmste, was Sie Ihrem hochsensiblen Kind antun könnten, ist, es zu verleugnen oder es verändern zu wollen.

Geben Sie ihm stattdessen ein warmes Nest, in welchem es sich geborgen fühlen kann. Es könnte kein größeres Glück haben, als von den eigenen Eltern so akzeptiert zu werden, wie es ist. Selbst wenn damit einhergeht, dass es für die Eltern anstrengend und mitunter unangenehm ist. Tun Sie Ihrem Kind den Gefallen, sich selbst in all seinen Facetten entfalten zu dürfen, ohne zu versuchen, ihm diese abzuerziehen. Denn wenn das hochsensible Kind lernt, dass es Nähe bekommt und seine Emotionen durchleben darf, kann es lernen, damit besser umzugehen.

Das ist vor allem dann wichtig, wenn es dazu neigt, schnell wütend zu werden. Wenn Sie ein wütendes Kind in sein Zimmer schicken, damit es sich dort beruhigt, erreichen Sie bei einem hochsensiblen Menschen nur, dass er sich im Stich gelassen und nicht akzeptiert fühlt. Seien Sie stattdessen für Ihr Kind da und helfen Sie ihm dabei, diese Emotionen zu überwinden, indem Sie den Grund für die Wut ausfindig machen etc.

Es ist übrigens auch vollkommen in Ordnung, wenn Sie das Wort hochsensibel oder High Need als Anker benutzen, weil Sie diesen brauchen. Lassen Sie sich von niemandem einreden, dass es nicht anstrengend wäre, ein solches Kind zu haben und großzuziehen. Vergegenwärtigen Sie sich stattdessen, dass Sie sehr viel leisten. Wenn Sie von einem hochsensiblen Kind sprechen, stigmatisieren Sie nichts, wie es z. B. beim Begriff ADHS der Fall wäre. Sie beschreiben lediglich ein Kind, das einfach gesagt, zutiefst emotional ist. Wenn Ihr Kind Sie anruft, weil es von einem Treffen nach Hause kommen möchte, weil es sich dort nicht wohlfühlt, können Sie das als positiv auffassen. Denn in einem solchen Moment sorgt es für sich selbst und sein eigenes Wohlergehen. Als Erwachsene neigen wir dazu, schnell zu schauspielern, wenn wir uns nicht wohlfühlen, einfach, weil es gesellschaftlich von uns erwartet wird.

Hochsensible Kinder erschrecken sich leicht. Sie sind vorsichtig und bei Lärm kommen sie ganz schnell an ihre Belastungsgrenzen. Aber sie haben eben auch eine ganz intensive Fähigkeit, Dinge wahrzunehmen. Denn sie nehmen viel mehr Reize auf als andere Kinder. Da das schnell zu viel wird, ist es ganz besonders wichtig, dass Sie als Eltern und Familie des Kindes viel Verständnis für es zeigen und darauf Rücksicht nehmen.

Begreifen Sie Ihr hochsensibles Kind möglicherweise als Chance, sich selbst emotional weiterzuentwickeln. Denken Sie einfach daran, dass jeder das Kind bekommt, zu welchem er bereit ist, es großzuziehen. Wenn Sie diesen Gedanken um den Aspekt ergänzen, dass jeder das Kind bekommt, das ihm dabei hilft, die eigene Seele wachsen zu lassen, können Sie Ihr hochsensibles Kind gleich mit ganz anderen Augen sehen.

WARUM HOCHSENSIBILITÄT ZUGLEICH FLUCH UND SEGEN IST

Hochsensible Kinder merken in der Regel, dass sie anders sind als die anderen Kinder. Sie fragen sich oft, was mit ihnen nicht stimmt. Wenn Sie wissen, dass Ihr Kind hochsensibel ist, sollten Sie ihm das nicht verschweigen. Wird das Phänomen nämlich benannt, können die Kinder sich viel besser selbst akzeptieren und ein Ruhegefühl kann sich einstellen. Sie wissen dann, dass ihr Gefühl sie nicht täuscht und dass sie tatsächlich anders sind.

Gleichzeitig wissen sie aber auch, dass sie weder krank noch benachteiligt sind, sondern ihre hohe Empfindlichkeit eine Normvariante des Nervensystems ist. Dadurch können sie ihre Erfahrungen und das eigene Selbstverständnis ganz neu einordnen und bewerten. Das ist vor allem für das Selbstwertgefühl der Kinder besonders wichtig, weil sie oft an sich selbst zweifeln. Es macht einen großen Unterschied, wenn sie sich sagen können, sie seien wahrnehmungsbegabt statt -gestört und hochsensibel statt hypersensibel.

Es ist wichtig, dass das Kind erkennt, dass mit der Hochsensibilität viele Stärken und Fähigkeiten einhergehen, die andere Menschen gar nicht haben. Dadurch kann sich sein Selbstwertgefühl deutlich stabilisieren.

Hochsensible Kinder haben die Begabung, differenziert und übergreifend zu denken. Das sogenannte Metadenken ermöglicht es ihnen, die eigenen Gedanken aus verschiedenen Blickwinkeln zu betrachten und dementsprechend immer wieder neu darüber nachzudenken. Sie haben außerdem ein ausgeprägtes Einfühlungsvermögen und Feingefühl und können sich auf ihre Intuition immer verlassen. Diese warnt sie meistens schon sehr frühzeitig vor Geschehnissen. Daher ist es wichtig, dass die Kinder lernen, diesem Gefühl zu vertrauen und es nicht zu leugnen. Hochsensibilität geht auch immer mit einem Sinn für Ästhetik einher und einer besonders hohen Kreativität. Nicht selten schreiben solche Kinder gerne Gedichte oder Geschichten und malen gerne oder leben sich anders kreativ aus.

In der Sinneswahrnehmung kommt es nicht selten vor, dass hochsensible Kinder ein absolutes Gehör haben, also die Höhe eines beliebigen Tons bestimmen können. Andere haben die Gabe, eine weit entfernte Geruchsquelle auszumachen, während wieder andere auch noch so kleine Farbabweichungen erkennen können. Natürlich können diese Fähigkeiten schnell ins Gegenteil umschlagen, weil unangenehme Gerüche oder zu hohe Töne lieber ausgeblendet werden würden. Doch für die spätere Berufswahl können diese Eigenschaften durchaus von Nutzen sein. Wenn Ihr Kind zu den besonders ästhetischen Hochsensiblen gehört, hat es wohl ein ausgemachtes Gespür dafür, welche Farben zusammenpassen, welche Schriftart es wählen muss usw. Durch seine Fähigkeit, komplexe Informationen besonders gut verarbeiten zu können, ist es in der Lage, jemandem sehr gut zuzuhören und sich Dinge zu merken, die anderen entgehen. Hochsensible verarbeiten die aufgenommenen Reize einfach viel intensiver als andere Menschen. Deshalb bleiben ihnen Details, die man ihnen schon vor Monaten erzählt hat, noch sehr lange im Gedächtnis. So wissen sie, was jemand an einem bestimmten Tag getragen hat, was er gegessen und was er gesagt hat. Das kann natürlich auf der Kehrseite dazu führen, dass das Kind abends sehr schlecht einschläft, weil das Gehirn den gesamten Input des Tages erst noch verarbeiten muss.

Dennoch fallen die Kinder durch diese Eigenschaften sehr positiv auf, weil die anderen merken, dass sie Interesse an ihnen haben und an ihren individuellen Situationen Anteil nehmen. Dadurch wird ihnen ein angenehmes Gefühl vermittelt. Der Nachteil, der sich daraus ergibt, dass hochsensible Kinder immer gern in die Tiefe gehen, ist, dass sie mit Small Talk in der Regel nichts anfangen können. Sie reden viel lieber über echte Themen und kommen mit Oberflächlichkeit überhaupt nicht gut klar. Von Außenstehenden werden sie daher gerne mal fälschlicherweise als arrogant und unnahbar empfunden. Doch in vielen Bereichen ist das Merken von Details sehr nützlich. Das kann in der Schule sein oder später im Beruf.

Außerdem können sich hochsensible Kinder oft stundenlang mit derselben Sache beschäftigen, wenn sie daran Spaß haben. Viele Dinge parallel zu erledigen, liegt ihnen aber nicht. Genauso wenig können sie es ertragen, wenn sie für nichts Zeit haben. Wenn sich ein Flow-Erlebnis einstellt, können hochsensible Kinder aber durchaus auch geistig sehr anspruchsvolle Tätigkeiten absolvieren und sich danach weder erschöpft noch ausgelaugt fühlen, sondern tatsächlich Kraft davon schöpfen und sich energiegeladen fühlen. Sollten Sie feststellen, dass Ihr Kind sich gerade in etwas vertieft hat, sollten Sie es nicht unterbrechen, da dies als sehr störend empfunden wird und eine Rückkehr in das Flow-Erlebnis durchaus behindern kann.

Vielleicht haben Sie ja auch schon festgestellt, dass Ihr Kind sich leichttut, neue Dinge zu lernen. Diese Eigenschaft hört meistens nicht auf, sodass auch noch im Rentenalter Sprachkurse etc. besucht werden können.

Mit der äußerst genauen Sinneswahrnehmung haben hochsensible Kinder oft ein Händchen für Analysetätigkeiten und landen gerne später in den Berufen des Wirtschaftsprüfers oder Buchhalters, weil ihnen noch so akribische Details nicht entgehen. Das Metadenken und die damit einhergehende Reflexion ermöglichen es dem Kind, ohne gezielt über eine Sache nachzudenken, blitzschnell verschiedene Blickwinkel und Argumente für ein und dasselbe Thema zu entwickeln, aus dem sie es betrachten können. Das kann ihnen sehr dabei helfen, andere Menschen einzuschätzen und deren Motive für ihr Handeln zu verstehen. Viele Dichter und Denker gehören nicht umsonst zu den Hochsensiblen und vielleicht gehört Ihr Kind ja auch eines Tages dazu.

Wenn hochsensible Kinder sich mit Gleichgesinnten unterhalten, gehen diese Gespräche oft in die Tiefe über philosophische Themen, bei denen die Wahrheit zutage gefördert wird. Durch das Metadenken wird aber auch gerne ein Gedankenkarussell angetrieben, das nicht mehr enden will, wodurch ebenfalls Einschlafprobleme vorprogrammiert sind. Diese Kinder haben aber auch eine ausgeprägte Vorstellungskraft. Sie können sich in Sphären versetzen, die anderen für immer verschlossen bleiben werden. Davon können sie vor allem im Beruf später stark profitieren, denn die Wissenschaft braucht solche Menschen.

Die ausgesprochen hohe Empathie hochsensibler Kinder trägt dazu bei, dass sie sofort spüren, wenn es einem Gegenüber nicht gut geht. Manchmal spüren sie das sogar noch, bevor die betroffene Person selbst davon Kenntnis erlangt. Auch wenn niemand spricht, spüren hochsensible Kinder sofort instinktiv, welche Stimmung im Raum herrscht und was dort vor sich geht. Menschen mit Einfühlungsvermögen werden von der Gesellschaft gebraucht, denn diese Gabe ist vor allem bei zwischenmenschlichen Beziehungen äußerst wichtig. Dennoch geht davon auch eine gewisse Gefahr für die Kinder aus, weil sie die Probleme der anderen gerne zu ihren eigenen machen und sie deshalb nicht mehr loslassen können. Es ist daher nicht unbedingt empfehlenswert, als hochsensible Person einmal einen sozialen Beruf auszuüben, weil man mit großer Wahrscheinlichkeit daran zerbrechen wird. Denn in solchen Berufen ist es ganz wichtig, das Erlebte schnell hinter sich zu lassen und nach vorne zu schauen, statt sich mit schlaflosen Nächten herumzuschlagen und sich davon auffressen zu lassen.

Es ist besonders wichtig, seinem Kind zu erklären, welche Stärken es hat und dass es so wie es ist, gut ist. Die Dünnhäutigkeit und Verletzlichkeit wird es nicht ablegen können, indem es versucht, sich ein dickeres Fell zuzulegen. Denn das funktioniert bei Hochsensibilität nicht. Lernt das Kind aber, sich zu akzeptieren, kann es sein Potenzial erkennen und schätzen lernen. Mit Selbstannahme und Selbstfürsorge fährt es am besten.

Sie müssen versuchen, das Leben Ihres Kindes im Einklang mit seinem Wesen zu gestalten und Begrenzungen und Belastungen souverän zu begegnen. Machen Sie dabei nicht den Fehler, Hochsensibilität mit Gehemmtheit und Schüchternsein gleichzusetzen oder zu verwechseln. Sehen Sie Ihr Kind eher als jemanden an, der andere beobachtet und besonnen und vorsichtig handelt. Wenn hochsensible Kinder schüchtern sind, haben sie sich diese Verhaltensweise angeeignet. Sie haben dann Angst, Fehler zu machen, den Erwartungen anderer nicht zu entsprechen und sich im schlimmsten Fall zu blamieren. Denn niemand möchte abgewiesen und abgelehnt werden. Sie werden feststellen, dass Ihr Kind sich in einem Umfeld, in dem es sich wohlfühlt, aufgeschlossen und gesellig verhält. Das gilt insbesondere auch für introvertierte Hochsensible. Wichtig ist für solche Kinder immer eine respektvolle, achtsame und wertschätzende Kommunikation.

Das Problem der Hochsensibilität ist, dass eine Reizüberflutung die Kinder schnell an ihre Grenzen bringt. Sie ticken einfach anders als der Rest. Wichtig ist nur, dass das Kind mit Selbstzweifeln aufhört. Hochsensible sind nämlich äußerst gut darin, Fehler zu analysieren, und machen dies vorzugsweise mit ihren eigenen Schwächen. Sie streben nach Perfektion und bemühen sich immer, sich selbst zu optimieren. Die intensive Selbstreflexion begünstigt das Hervorheben der eigenen Fehler ganz besonders. Daher ist es umso wichtiger, dem Kind immer wieder seine Stärken vorzuhalten und es darin zu bestärken, sein Selbstwertgefühl weiter aufzubauen. Denn hochsensible Kinder sehen ihre Stärken gerne als Selbstverständlichkeit an.

Wie umgehen mit hochsensiblen Kindern?

ÜBUNGEN, SPIELE UND KOMMUNIKATIONSBEISPIELE

1. Übung: Der Regenschirmspaziergang
Mithilfe dieser Übung gelangen Sie in fünf Schritten zu mehr Abgrenzung. Wenn Sie selbst hochsensibel sind, kennen Sie das, dass Sie ständig auf Empfang sind und Stimmungen, Schwingungen sowie unterschwellige Energien anderer Menschen aufnehmen, die Ihnen begegnen. Sollten Sie nicht hochsensibel sein, können Sie sich anhand dieser Beschreibung ein Bild davon machen, wie es Ihrem hochsensiblen Kind geht. Das Problem hierbei ist, dass sich diese Wahrnehmung nicht nur auf Menschen beschränkt, die Ihrem Kind wichtig sind, sondern auch bei allen Zufallsbegegnungen stattfindet, sodass diese Eigenschaft, die ja durchaus sehr positiv sein kann, schnell ins Negative umschlägt, indem sie zur Reizüberflutung Ihres Kindes führt. Denn Hochsensible sind, ob sie wollen oder nicht, ständig auf Empfang.

Da spielt es keine Rolle, ob das Kind interessiert ist oder nicht. Wenn Ihr Kind dazu neigt, all diese Dinge wahrzunehmen und auch fremde Menschen gerne nach deren Gefühlslage abzuscannen, wird es meist schnell müde und erschöpft sein. Es ist daher elementar für hochsensible Kinder, zu lernen, wie sie sich von anderen Menschen abgrenzen können, um nicht zu viel Energie an Stellen zu verlieren, die es schlicht und ergreifend nicht wert sind.

Der erste Schritt dieser Übung nennt sich das Öffnen des Regenschirms. Stellen Sie sich hierfür einen Regenschirm vor, der geschlossen ist und nach unten gehalten wird. Er fängt in jeder seiner Falten sehr viel Wasser auf. Sobald man ihn aber umdreht und aufspannt, kann das Wasser daran abperlen und der Mensch, der darunter steht, bleibt trocken und vom Regen geschützt. Wenn Sie dieses Bild nun auf Ihr Kind übertragen, kann es alles, was auf es zukommt, eher an sich abperlen lassen, wenn es seine Antennen auf Senden stellt und nicht mehr in Empfangsbereitschaft ist. Diese Empfangspause kann das Kind signalisieren, indem es andere wissen lässt, dass es beschäftigt ist. Das klingt für einen nicht hochsensiblen Menschen vielleicht einfach, bedarf aber viel Übung.

Das Kind sollte immer mit einer bestimmten Absicht nach draußen gehen und sich, solange es den Regenschirm aufgespannt hat, primär mit den eigenen Dingen beschäftigen. Das kann z. B. auf dem Weg in die Schule oder beim gemeinsamen Einkaufen mit Ihnen als Eltern geübt werden. Das Kind muss verstehen, dass es nun dabei ist, etwas für sich selbst zu erledigen, und dabei nicht erfahren will, was mit den Menschen um einen herum so los ist. Diese Übung wird umso schwieriger, wenn das Kind von Menschen, denen es begegnet, angesprochen wird. Bittet ein Obdachloser es beispielsweise um Kleingeld, sollte es - wenn es den Regenschirm aufgespannt hat - schweigend an ihm vorbeilaufen und ihn ignorieren. Alternativ dazu kann es auch eine Münze bereithalten, falls es schon mit einer solchen Begegnung rechnet. In jedem Fall müssen Sie Ihrem Kind vermitteln, dass es ein gutes Recht darauf hat, weiterzugehen, wenn es das möchte.

Wichtig ist, dass alle äußeren Eindrücke komplett ausgeblendet werden. Nicht einmal Werbeplakate dürfen nun gelesen werden, denn auch das zehrt an den Kräften Ihres Kindes. Sollte es einem interessanten Menschen begegnen, bei dem es den Eindruck hat, ein Blick könnte sich lohnen, kann es diesen riskieren, muss sich aber darüber bewusst sein, dass auch das Energie kosten wird. Es sollte also lernen, sich die Frage zu stellen, ob es diese Energie dafür tatsächlich verwenden will, und anschließend weiter seinen Blick auf sein Ziel richten.

Bringen Sie Ihrem Kind in diesem Zusammenhang unbedingt auch bei, falsch verstandene Achtsamkeit zu vermeiden. Denn natürlich kann Achtsamkeit so verstanden werden, dass die Außenwelt nicht ausgesperrt werden soll. Aber das eigene Erregungsniveau zu achten und dieses auf einem für sich angenehmen Level zu halten, ist auch eine Form davon.

Wenn jemand hochsensibel ist, neigt er dazu, anderen leicht Aufmerksamkeit zu schenken, weil Hochsensible von Natur aus sehr neugierig sind. Machen Sie Ihrem Kind klar, dass seine Aufmerksamkeit ein wertvolles Gut ist, das nicht jeder leichtfertig erhalten sollte. Denn auch das kostet Kraft und Energie. Das Kind sollte bewusst die Entscheidung treffen, wer in den Genuss seiner Aufmerksamkeit kommen soll und wer nicht. Diese Entscheidung sollte auf keinen Fall denjenigen überlassen werden, die diese Aufmerksamkeit so unbedingt wollen.

Erklären Sie Ihrem Kind, dass es anderen und der Welt auch nicht helfen kann, wenn es sich damit nur selbst schadet. Etwas, das ihm selbst Schaden zufügt, hilft der Welt nicht, denn auch Ihr Kind ist Teil dieser Welt und schadet damit auch dieser.

Der erste Schritt dieser Übung ist immer der bewusste Entschluss, jetzt einen Regenschirmspaziergang zu machen. Am besten eignen sich dafür Situationen, in denen das Kind unter Menschen kommt. Es muss stets sein Ziel vor Augen behalten und sollte seine Gedanken darauf konzentrieren, wo es hingeht und was es dort vorhat. Anderen sollte es freundlich begegnen, aber signalisieren, dass es beschäftigt und nicht auf Empfang ausgerichtet ist.

Dann folgt der zweite Schritt. Das Kind sollte niederschreiben, was es auf seinem ersten Regenschirmspaziergang erlebt hat. Dabei sollte auch nicht die Bewertung ausbleiben, wie leicht oder schwer ihm diese Übung gefallen ist. Wenn es leicht war, gibt es einen Punkt, war es dagegen unmöglich, gibt es zehn. Sollte die Bewertung bei mehr als drei Punkten liegen, sollte die Übung wiederholt und erneut bewertet werden.

Im dritten Schritt kann der Regenschirmspaziergang dann auch in einem anderen Umfeld stattfinden. Das kann z. B. die Schule sein, dann allerdings bei einem Gang durch das Gebäude, bei dem das Kind nicht aufgehalten werden will. Auch diese Versuche sollten festgehalten und bewertet werden.

Im vierten Schritt sollte die Übung dann so oft wie nur möglich wiederholt werden. Dadurch soll erzielt werden, dass das Kind diese Fähigkeit weiterentwickelt und sich daran gewöhnen kann. Je öfter die Übung stattfindet, desto eher klappt es dann auch mal von ganz allein.

Der letzte Schritt beinhaltet dann nur noch die Reflexion darüber, was dem Kind während der Ausführung der Aufgabe an sich selbst aufgefallen ist. Diese kann dann auch aufgeschrieben werden.

2. Übung: Mehr Abgrenzung

Diese Übung kann auch wieder in mehrere Teilschritte aufgegliedert werden. Da hochsensible Menschen aufgrund ihrer niedrigen Reizschwelle sehr empfindsam für Stimmungen und Schwingungen jeder Art sind, belasten diese sie recht häufig. Das heißt, dass Spannungen, die in der Luft liegen, ihnen etwas ausmachen, selbst wenn sie daran gar nicht beteiligt sind. Denn sie spüren das, was andere niederschlägt, beinahe genauso sehr wie die eigenen Sorgen. Gleiches gilt für die Stimmungslage, da die Launen der anderen auch diese beeinflussen.

Allgemein lässt sich einfach eine deutlich geringere Abgrenzung von anderen feststellen. Das kann von Vorteil sein, weil tiefe Verbindungen zu anderen dadurch ermöglicht werden. Meistens nervt es aber, weil man ständig in Dinge eingebunden wird, die einen eigentlich nichts angehen und die man vor allem auch gar nicht ändern kann. Aus einer solchen Situation wieder bewusst herauszukommen, ist sehr schwierig. Denn Abgrenzung ist eine sehr große Herausforderung für Hochsensible. Das muss aber unbedingt erlernt werden, damit die Emotionalität geordnet werden kann.

Im ersten Schritt dieser Übung geht es darum, dass Ihr Kind lernt, die eigenen Gedanken anzuerkennen. Denn ohne das Kennen und Akzeptieren der eigenen Grenzen ist es gar nicht möglich, sich von anderen Menschen abzugrenzen. Zunächst muss also die Erkenntnis reifen, was denn abgegrenzt werden soll und muss. Als hochsensibler Mensch spürt auch Ihr Kind, an welcher Stelle etwas schiefläuft und wem es schlecht geht. Das kann auch so weit gehen, dass es ebenfalls spürt, warum das jeweils so ist. Damit geht dann gerne einher, dass es denkt, es müsse das Leid aus der Welt schaffen, weil es dieses ja hautnah miterlebt. Das ist aber nicht möglich, weil es sich damit selbst überfordern würde. Natürlich heißt das nicht, dass man als einfühlsamer Mensch gar nichts bewirken kann, aber man kann eben nicht unbedingt all das verändern, was man gerne verändern würde. Das Kind muss lernen, anzuerkennen, dass es diese Grenze gibt.

Gleiches Prinzip gilt im Allgemeinen für die hochsensible Veranlagung. Die Möglichkeiten, die diese Eigenschaft mit sich bringt, müssen gesehen werden, aber ebenso deren Grenzen. Das Kind sollte lernen, zu verstehen, dass es sich von Normalsensiblen unterscheidet, und deshalb den Versuch aufgeben, mit diesen mithalten zu wollen. Denn dadurch würde es nur falsche Maßstäbe an sich selbst anlegen, womit es sich über kurz oder lang überfordern würde. Denn bei Erfüllung dieses Anspruchs geriete das Kind in eine Doppelbelastung. Das liegt daran, dass sich das, was es als hochsensibler Mensch leistet, ja nicht einfach abstellen lässt. Zusätzlich würde es sich dann aber noch abverlangen, all das zu leisten, was andere mit ihrer Veranlagung leisten. Dass das auf Dauer nicht gutgehen kann, ist offensichtlich.

Da Ihr Kind nämlich hochsensibel ist, ist es vermutlich qualitativ auch leistungsfähiger als andere. Quantitativ gilt wahrscheinlich das Gegenteil. Hochsensible bringen ein Niveau an Qualität in die Welt, zu dem andere entweder nie oder nur sehr langsam kommen würden. Doch es ist nicht möglich, dieses höhere Qualitätsniveau zu erbringen und dabei gleichzeitig genauso lang genauso leistungsfähig wie andere Menschen zu sein. Dass diese Doppelbelastung jedem auf Dauer schaden würde, muss nun ebenfalls als Grenze vom Kind anerkannt werden.

Der erste Schritt dieser Übung bezieht sich also auf zwei Dinge. Zum einen hat jeder Mensch nur ein begrenztes Maß an Kraft, von dem er zehren kann. Das heißt, dass jeder nur seinen Teil dazu beitragen kann, eine bestmögliche Lösung zu finden, wenn es Schwierigkeiten gibt. Niemand ist dabei allein für das ganze Leid in seinem Umfeld zuständig. Das muss erkannt werden und es gilt, Grenzen zu setzen. Beim Formulieren dieser Grenzen sollen Fragen beantwortet werden wie: „Welche Schwierigkeiten und welches Leid sehe ich in meiner Umgebung?", „Was müsste meiner Meinung nach getan werden?", „Was kann und will ich dazu beitragen?" oder „Was kann ich beim besten Willen definitiv nicht leisten?"

Zum anderen müssen die Möglichkeiten und Grenzen der hochsensiblen Veranlagung anerkannt werden. Dabei gilt es, diese Fragen zu stellen: „Welche Qualität bringe ich aufgrund meiner Hochsensibilität mit in diese Welt?", „Wie lange kann ich arbeiten?", „Wie viele Pausen benötige ich, um mich ausreichend regenerieren zu können?" Auch über diese Aspekte sollte man sich nachhaltig Gedanken machen, denn die Grenzen sind individuell ganz unterschiedlich. Sobald die Fragen beantwortet sind, weiß das Kind, wo es sich abgrenzen muss, und es wird in die Lage versetzt, diese Grenzen zu ziehen.

Nun folgt der zweite Schritt. Die eigenen Grenzen müssen verteidigt werden. Nachdem das Kind nun weiß, was es dazu beitragen kann, Schwierigkeiten und Leid zu beseitigen und wie viel Zeit zur Regeneration es benötigt, ist es an der Zeit, den anderen diese Grenzen ebenfalls ersichtlich zu machen. Denn wenn sie übertreten werden, muss das Kind unmissverständlich klarmachen, dass das so nicht geht. Niemand hat das Recht, darüber zu urteilen, wie andere ihr Leben leben und welche Grenzen sie ziehen. Aber jeder muss die Grenzen der anderen akzeptieren und respektvoll damit umgehen. Denn keiner weiß so gut wie man selbst, was man leistet, wo die eigenen Probleme anfangen, wo sie enden und zu den Problemen der anderen werden.

Es ist nicht einfach, diese Grenzen zu verteidigen, denn das hat viel mit Selbstliebe und Wertschätzung für die eigene Person zu tun. Das fällt also vor allem Hochsensiblen sehr schwer, weil sie ja meist von Selbstzweifeln und Unsicherheit geplagt sind.

Sollten Unsicherheiten auftreten, wenn es darum geht, wo eine Grenze gesetzt werden sollte, kann das Kind sich einfach fragen, was eine Person täte, die sich vollkommen liebt, wenn sie in der gleichen Situation wäre. Denn solche Menschen nehmen nur solche Herausforderungen an, die ihnen dabei helfen, weiterzukommen. Überfordern tun sie sich nicht. Gleiches gilt für das Thema Hilfe.

Wenn sie Freude daran haben, helfen sie, wenn es ihnen aber zu viel wird, lassen sie es bleiben. Das ist nicht mit Egoismus zu verwechseln, denn langfristig kann man nur dann für andere da sein, wenn man gleichzeitig selbst gut für sich sorgt. Das nennt sich auch gesunde Selbstfürsorge, die auch dazu dient, den eigenen Energiehaushalt im Gleichgewicht zu halten, um verlässlich den eigenen Beitrag leisten zu können.

Es folgt der dritte Schritt. So wie die eigenen Grenzen gesetzt und verteidigt werden, müssen auch die der anderen respektiert werden. Das ist auch nicht so einfach für einen hochsensiblen Menschen, da er aufgrund seines feinen Gespürs einen Blick dafür hat, worunter ein anderer leidet, und ihm deshalb gerne helfen will. Nicht immer geht es dabei um den anderen, sondern vielmehr darum, dass Hochsensible selbst so darunter leiden, wenn es anderen schlecht geht, dass sie das am liebsten sofort abstellen wollen. Das ist aber gleichzusetzen mit dem Kratzen eines anderen, weil es diesen juckt. Ein solches Verhalten wird zu Recht schnell als übergriffig wahrgenommen. Das Kind muss also lernen, dass es nicht nur von ihm abhängt, wie sehr es anderen hilft, sondern auch von denjenigen, denen es helfen möchte. Wenn diese keine Hilfe wollen, ist das eben so. Das muss akzeptiert werden. Der emotionalen Grenzenlosigkeit sollte kein freier Lauf gelassen werden, damit nicht alles durcheinanderkommt. Das Kind sollte sich immer fragen, wenn es jemandem helfen will, ob es ihm dabei wirklich um die andere Person geht und was sein eigener Anteil an deren Problem ist. Wie weit reicht seine Verantwortung? Was ist der Teil des Problems, welchen es lösen kann? Welchen Anteil hat das Gegenüber daran? Was fällt in dessen Verantwortungsbereich?

Hilfe kann dann in diesem Rahmen angeboten werden. Wird diese aber abgelehnt, sollte das nicht weiter hinterfragt, sondern einfach hingenommen werden. In jedem Fall wird Ihr Kind es viel leichter haben, wenn es in der Lage ist, sich abzugrenzen.

3. Übung: Die 4 Rs

Diese Übung betrifft nun Sie, liebe Eltern, denn Sie sollen lernen, Ihr Kind zu erziehen, ohne dabei zu schimpfen. Sie sollen erfahren, wie Sie gelassen und ruhig bleiben können, wenn Ihr Kind Ihnen gerade auf die Nerven gehen sollte. Außerdem sollen Sie erfahren, wie Sie einen Wutausbruch Ihres Kindes gut händeln können.

Betrachten Sie die Hochsensibilität Ihres Kindes stets als eine Eigenschaft, die es zu etwas Besonderem macht. So wie andere Kinder gut in Mathe sind, hat Ihr Kind eben die Gabe, Dinge intensiv wahrzunehmen. Es ist ein Vielfühler. Der Filter seines Gehirns sortiert nicht, wie bei den meisten Menschen, über 95 % aller Reize aus. Stattdessen gelangen bei Hochsensiblen viel mehr Reize in das Bewusstsein der Betroffenen. Dementsprechend muss Ihr Kind auch viel mehr Sinneseindrücke verarbeiten als alle anderen. Da die Kapazitäten des Gehirns sehr begrenzt sind, kommt es deshalb schnell zur Überforderung.

Vergessen Sie nie, dass sich diese Überforderung in andersartigen Verhaltensweisen äußern kann. Das verstehen Sie als Eltern häufig nicht, weshalb Sie sich vermutlich angewöhnt haben, Ihr Kind zu ermahnen und zurechtzuweisen. Um sich anzugewöhnen, weniger zu schimpfen, können Sie ein paar Maßnahmen treffen. Ihr Kind betreibt intuitiv eine Art Prävention. Da es weiß, dass ihm Menschenansammlungen sehr schnell zu viel werden, meidet es diese von sich aus und spielt stattdessen lieber allein. Auf Reize, die es überfordern, reagiert Ihr Kind nach Ihrem Verständnis unverhältnismäßig heftig. Das liegt daran, dass es diese extrem stark wahrnimmt. Bei lauter Musik hält es sich z.B. sofort die Ohren zu. Außerdem muss Ihr Kind sehr vieles kompensieren. Um die vielen Reize loszuwerden, kann es vorkommen, dass es ohne Grund anfängt zu schreien oder einen heftigen Wutanfall durchlebt. Als Eltern müssen Sie auf besondere Weise mit Ihrem hochsensiblen Kind umgehen. Hierbei gibt es vier sehr wichtige Wohlfühlfaktoren, von denen Sie profitieren können. Denn Sie können Wutausbrüchen, Trotz, Stress und vielen Schlafproblemen vorbeugen. Wenden Sie die sogenannten vier R's vor allem bei Babys und Kleinkindern an. Sie sind aber auch im Kindergarten, in der Schule und in der Pubertät noch sehr relevant. Sie lauten: Reflexion, Ruhe, Rituale und Reizschutz.

Das Wichtigste ist der Schutz vor zu vielen Reizen. Das können Sie unterstützen, indem Sie ein Umfeld so reizarm wie möglich gestalten. Dies ist umso wichtiger, je jünger Ihr Kind ist. Dazu sollte die Umgebung so geräuscharm wie möglich sein. Vermeiden Sie Hintergrundmusik, Radio, Stimmen, Verkehrslärm und Fernseher. Das Licht sollte weder flackern noch zu grell sein. Wählen Sie sanfte Rosa-, Grün- und Blautöne. Lassen Sie unbedingt auch spontane Veränderungen sowie Ortswechsel sehr gut überlegt sein. Spielzeug sollten Sie nur in Maßen, statt in Massen, zur Verfügung stellen. Gestalten Sie den Raum, in dem sich Ihr Kind am meisten aufhält, schlicht. Die Bezugspersonen sollten Sie konstant halten und Besuche auf ein Minimum reduzieren.

Bei den Ritualen geht es um das Einpflegen dieser in den Alltag Ihres Kindes. Geben Sie ihm Sicherheit, indem Sie für es vorhersehbare Tagesabläufe schaffen. Dann kann es sich immer darauf einstellen, weil es bereits vorher weiß, was als Nächstes passiert. Durch diese Vertrautheit kann Ihr Kind gelassen bleiben. Zu diesen Ritualen zählen gleichbleibende Abend- und Morgenroutinen, regelmäßige Zubettgeh- und Aufstehzeiten, gleichbleibende Spazierrouten sowie feste Essens-, Spiel- und Schlafzeiten. Der Weg zu bekannten Orten sollte immer gleich bleiben. Sollte das Kind

Sachen selbstständig tun wollen, sollten Sie es machen lassen. Geben Sie ihm dafür ausreichend Zeit und bieten Sie ihm Ihre Hilfe an. Im Idealfall knüpfen Sie die Rituale auch immer an einen bestimmten Ort.

Sorgen Sie stets für Entspannung und Ruhe. Mit dem Schutz vor Reizen haben Sie bereits dafür gesorgt, dass Ihr Kind nicht von außen überstimuliert werden kann. Beruhigen Sie es nun auch noch von innen heraus. Geben Sie ihm ein Gefühl von Sicherheit und Geborgenheit. Hierbei sind die elterliche Körpernähe und die zu anderen Bezugspersonen essenziell. Mit viel Körperkontakt kann das Kind sich besser entspannen sowie Sorgen und Ängste äußern. Nehmen Sie sich die Zeit, intensiv mit ihm zu kuscheln, zu erzählen und zu schmusen. Mit Mentalübungen können Sie ihm auch dabei helfen, Stress abzubauen, Reizüberflutungen zu beenden und Frustrationen schnell hinter sich zu lassen. Anspannung kann somit ebenfalls eher losgelassen werden.

Bei der Reflexion geht es darum, dass Sie Ihr eigenes Verhalten stets hinterfragen. Denn weil es so feinfühlig ist, überträgt sich Ihre Stimmung ganz besonders schnell auf ihr Kind. Sie können also durchaus auch eine Überreizung bei Ihrem Kind auslösen, indem Ihr Gefühlszustand zu vielschichtig ist. Fragen Sie sich also regelmäßig, ob Sie übermüdet, genervt, erschöpft, gereizt und nervös sind.

Achten Sie auch unbedingt auch auf Ihre eigenen Bedürfnisse und sorgen Sie gut für sich selbst. Scheuen Sie sich auch nicht davor, Hilfe anzunehmen, falls Sie mal überfordert sein sollten. Wenn Sie bei sich für genügend Zufriedenheit, Entspannung und Gesundheit sorgen, helfen Sie damit auch automatisch Ihrem Kind. Lassen Sie Ihr Kind aber auch seine eigenen Schwierigkeiten reflektieren und mitteilen. Durch ein sanftes Nachfragen können Sie es dabei unterstützen.

GEWALTFREIE KOMMUNIKATION MIT HOCHSENSIBLEN KINDERN

Hochsensible Kinder werden leider, auch wenn das hart klingt, oft missbraucht. Denn sie sind einfach viel einfühlsamer als andere und unterscheiden sich diesbezüglich von diesen. Damit ist nicht zwangsläufig gemeint, dass die Kinder sexuell missbraucht werden. Der Missbrauch beginnt bei Hochsensiblen an der Stelle, an der die Kinder von ihren Bezugspersonen in eine nicht kindgerechte Rolle gedrängt werden. Sie sollen eine Funktion erfüllen, welche sie überfordert und ihre individuelle Entwicklung in eine falsche Bahn lenkt. Langfristig werden sie darunter leiden und können Schaden nehmen.

Im Erwachsenenalter leiden sie dann meist, ohne es zu wissen, unter diesen Spätfolgen. Denn die Bereitschaft, mehr Verantwortung zu übernehmen, als ihnen guttäte, ist auch dann noch vorhanden. Dadurch gehen Betroffene permanent über ihre Grenzen und lassen sich leicht ausnutzen.

Warum genau werden also gerade hochsensible Kinder oft missbraucht? Jedes Kind, ob hochsensibel oder nicht, kann ohne eine elterliche Bezugsperson nicht überleben und ist darauf angewiesen, eine solche zu haben. Weil es für Kinder also existenziell ist, sind sie bereit, ihre Eltern zu stabilisieren. Sie tun dies nicht etwa, weil es ihnen Spaß macht. Bei hochsensiblen Kindern, bei denen die Reizschwelle ja viel niedriger als bei anderen ist, ist es an der Tagesordnung, dass sie viel mehr wahrnehmen. Dadurch gelten sie oft in emotionaler Hinsicht als sehr weit für ihr Alter. Die Charakterzüge, die sie zuweilen haben, erwecken den Eindruck einer langen Lebenserfahrung. Da sie über viel höhere Ressourcen als andere verfügen, sind sie in der Lage, mehr Verantwortung zu übernehmen als Kinder im gleichen Alter.

Das spüren sowohl Sie als Eltern als auch andere erwachsene Bezugspersonen. Es kann deshalb leicht passieren, dass Sie als Eltern, wenn Sie in eine persönliche Krise geraten, dazu neigen, sich auf Ihr hochsensibles Kind zu stützen. Dadurch erwarten Sie aber zu viel von Ihrem Kind. Denn auch, wenn es den Anschein hat, als fiele es dem Kind leicht, diese Bürde zu tragen, trügt dieser Schein doch zumeist.

Da Hochsensibilität ja vererbbar ist, kommt es häufig vor, dass die Eltern sich in einer Mischkonstellation befinden. Ein Teil ist hochsensibel, der andere nicht. Das hat viele Vorteile und wenn diese Kombination auf positive Weise gelebt wird, können sich beide perfekt ergänzen. Allerdings gehen auch Schwierigkeiten damit einher, die typisch sind. Denn der hochsensible Partner fühlt sich oft nicht auf die Weise verstanden, wie er es gerne hätte. Wenn eine hochsensible Mutter und ein normalsensibler Vater ein Kind bekommen, welches die Hochsensibilität seiner Mutter geerbt hat, wird dieses Kind seine Mutter immer viel besser verstehen als der Vater. Es wird aber auch Eigenschaften aufweisen, die es von seinem Vater hat und wodurch es ihm ähnlich ist.

Das Kind könnte sich also als der Traumpartner der Mutter entpuppen, denn es kommt seinem Vater - dem Partner der Mutter - sehr nah, ist darüber hinaus aber viel verständnisvoller und einfühlsamer. Außerdem ist das Kind ja abhängig von seinen Eltern, wodurch es von vorneherein dazu bereit ist, alles für diese zu tun. Ein solches Kind als Partnerersatz zu missbrauchen, ist also gar nicht so abwegig. Tatsächlich ist die Versuchung sehr groß und viele können ihr auch nicht widerstehen. Dabei sind Jungen und Mädchen im gleichen Maße betroffen. Denn die Kinder werden ja nicht in sexueller Hinsicht missbraucht, sondern nehmen die zwischenmenschliche Rolle des Partners ein. Hochsensible Kinder werden daher häufig als Seelentröster missbraucht, als Problemlöser und Ratgeber für Themen, die sie vollkommen überfordern und daran hindern können, einfach Kind zu sein.

Damit einher geht oft, dass die Kinder sich von den Altersgenossen entfremden. Denn ihnen fehlt die Unbeschwertheit und sie finden keine Gesprächsthemen mit diesen. Stattdessen sind sie in Gedanken permanent mit den Sorgen und Problemen ihrer Eltern beschäftigt. Sie entwickeln dadurch zwar einerseits eine enorme soziale Kompetenz, andererseits können sie in einer solchen Situation vieles nicht lernen, was ihnen dann einfach fehlt.

Wenn betroffene Kinder im Erwachsenenalter selbst eine Beziehung führen, werden sie vom Partner oft als übergriffig wahrgenommen. Das liegt daran, dass sie gelernt haben, die Gedanken des hochsensiblen Elternteils zu lesen und dazu erzogen wurden, dass das zu einer guten Partnerschaft dazugehört. Normale Partner empfinden das aber als sehr unangenehm, weil das Lesen ihrer Gedanken an der Realität vorbeigeht, die sie innerlich selbst von sich haben und dementsprechend als Unterstellung angesehen wird. Sowohl beruflich als auch privat sind die nun hochsensiblen Erwachsenen bereit, permanent ihre Grenzen zu überschreiten. Dadurch befindet sich ihr Energiehaushalt immer im negativen Bereich. Das Risiko, an einem Burnout zu erkranken, ist extrem hoch. Bei vielen führt das dann auch nicht selten zur völligen Berufsunfähigkeit.

Es ist also nicht von der Hand zu weisen, dass hochsensible Kinder in ihrem kompletten späteren Leben unter den Folgen des Missbrauchs als Partnerersatz leiden. In der Situation selbst, also während sie missbraucht werden, erleben sie das so gar nicht. Sie fühlen sich in der Lage, das zu leisten, und es scheint ihnen weder etwas auszumachen noch schwerzufallen. Aber wenn diese Muster nicht rechtzeitig erkannt und aufgearbeitet werden, sind die Spätfolgen für Betroffene dramatisch. Sorgen Sie dafür, dass Ihr Kind eine solche Kindheit nicht erlebt. Und sollten Sie selbst hochsensibel sein und diese Erfahrungen in Ihrer Kindheit gemacht haben, sollten Sie dringend lernen, sich abzugrenzen und Ihren Energiehaushalt nicht überzustrapazieren.

Sie sollten darauf aufpassen, dass Sie Ihr Kind nicht ungewollt überfordern. Lassen Sie es Kind sein und bleiben. Ihre persönlichen Probleme sollten Sie nicht auf seine Schultern legen. Denn Sie wissen nun, welche Schäden es davontragen könnte. Ebenso wie als Partnerersatz werden hochsensible Kinder gerne als Krisenmanager missbraucht. Es gibt dabei etliche Krisen, von denen eine Familie betroffen sein kann. Dazu zählen Alkoholismus der Eltern, der zum Ausfall der Elternfunktion führen kann, Erkrankungen und Trennung oder der Tod eines Elternteils.

Ein hochsensibler Mensch kann zwar schnell an den Rand des Wahnsinns getrieben werden, wenn es um ein nicht enden wollendes Geräusch geht, ist aber, was Krisen angeht, viel belastbarer als der Durchschnitt der Bevölkerung. Das liegt auch daran, dass Hochsensible aufgrund ihrer feinen Wahrnehmung mehr Informationen aufnehmen und auf vieles, was kommt, gedanklich vorbereitet sind, weil sie es mehrfach durchgespielt haben. Daher trifft vieles Übel hochsensible Menschen nicht unvorbereitet.

So gibt es viele hochsensible Rettungsassistenten, Feuerwehrleute etc., die im Katastrophenfall die Nerven bewahren und damit noch viele andere retten. Erst wenn die Situation vorüber ist, die Krise also hinter ihnen liegt, tritt der Schockzustand ein. Dann kann es vorkommen, dass die Knie zu zittern beginnen oder sie zusammenbrechen, obwohl sie in der Situation selbst einwandfrei funktioniert haben.

Bei hochsensiblen Kindern ist das auch schon so. Gerät die Familie in eine Krise, springen die Kinder gerne in die Bresche. Dann übernehmen sie Verantwortung, welche die Eltern im Normalfall tragen sollten. Sie geben alles, was sie können, um mögliche Verluste ausgleichen zu können. Das kann so aussehen, dass sie sich um die jüngeren Geschwister kümmern oder Haushaltspflichten etc. übernehmen. Menschen mit einer solchen Kindheit können später sehr oft schlecht für sich sorgen. Denn sie erwerben zwar hohe soziale Kompetenzen, können diese aber nicht dafür einsetzen, um selbst weiterzukommen. Das liegt daran, dass sie in einer sehr prägenden Phase ihres Lebens gelernt haben, sich selbst sowie ihre eigenen Bedürfnisse und Interessen zurückzustellen.

Sexueller Missbrauch von Kindern ist also nur die Spitze eines Eisbergs an Missbrauch, der in so vielen unterschiedlichen Formen stattfinden kann. Vor allem hochsensible Kinder sind gerne davon betroffen und besonders gefährdet, weil sie sich hervorragend als Krisenmanager und Partnerersatz eignen. Das tun sie, weil es für sie aus existenzieller Sicht wichtig ist, und in der entsprechenden Situation hat es auch den Anschein, als fiele es ihnen leicht, weil sie über entsprechende Kompetenzen verfügen. Dennoch werden die Kinder hierdurch überfordert, weil die Probleme, mit denen sie konfrontiert werden, für ein Kind nicht lösbar sind. Zwar endet diese Form der Überforderung, wenn sich die Situation verändert, aber viel schlimmer ist, dass Kinder, wenn solche Sachen in einer prägenden Phase ihres Lebens stattfinden, die falschen Dinge lernen. Damit hat das dann gravierende Auswirkungen auf ihr gesamtes restliches Leben. Genau deshalb sind Sie als Eltern eines hochsensiblen Kindes in der Pflicht, sehr gut auf dieses aufzupassen.

TIPPS & TRICKS FÜR DEN UMGANG MIT SICH SELBST

Wenn Sie Ihrem Kind dabei helfen wollen, sich um sich selbst zu kümmern, bedeutet das in erster Linie, dass es lernt, anzuhalten und in sich hineinzuschauen, um seine inneren Bedürfnisse zu erkennen. Diese betreffen natürlich auch die physischen, denn wenn der Stoffwechsel im Organismus nicht einwandfrei funktioniert, ist das wie bei einem Auto, dem Öl fehlt und das nicht ausreichend betankt ist. Wenn dem Körper für ihn wichtige Substanzen fehlen, dazu gehören auch Vitamine und andere Nahrungsmittel, wird sich das zunehmend auf seine Funktionsfähigkeit auswirken. Davon ist dann auch die Psyche betroffen, denn sie kann das nicht kompensieren und der Mensch fängt an, sich auch psychisch unwohl zu fühlen.

Bei hochsensiblen Menschen ist es wichtig, immer zuerst das Gehirn zu stärken, denn es ist die Schaltstelle der neurobiologischen Prozesse. Das Gehirn muss also lernfähig und bewegungsfähig sowie therapiefähig und veränderungsfähig gemacht werden. Dadurch erlangt es seine Steuerungsfähigkeit und Regulierbarkeit zurück, wodurch es in die Lage versetzt wird, physische, mentale, emotionale und spirituelle Reize energiesparend zu sortieren. Das kann erreicht werden, indem Nahrungsergänzungsmittel oder Vitamine konsumiert werden.

Hochsensible sollten zur Entspannung bewusst Pausen einlegen.

Sorgen Sie als Eltern dafür, dass Ihr Kind genügend Pausen macht, um sich zu regenerieren, denn hochsensible Kinder neigen gerne dazu, sich zu überfordern, und merken das dann meist erst hinterher. Während einer Pause kann der Organismus nämlich ruhen und verarbeiten, was bereits an Reizen aufgenommen wurde. Es wird auch Neues aus der Tiefe des Unterbewusstseins ins Zentrum der Gedanken gerückt. Solche Verarbeitungen sind wichtig, damit die nächste Herausforderung wieder voller Elan angegangen werden kann.

Bei der richtigen Entspannung kann es helfen, einmal bewusst durchzuatmen und auch korrekt zu atmen, sodass der Körper mit ausreichend Sauerstoff versorgt wird. Dafür muss lediglich, völlig ohne Druck, entspannt eingeatmet und wieder ausgeatmet werden, während das Heben und Senken des Brustkorbs genau beobachtet wird. Vor allem dann, wenn das Kind innerlich zu Unruhe neigt, ist das ein guter Weg, um zur Entspannung zu finden. Meditation kann in diesem Zusammenhang auch ein empfehlenswerter Weg sein.

Wenn das Kind nämlich versucht, gegen die innere Unruhe anzukämpfen, wird diese meist nur vergrößert. Das liegt daran, dass versucht wird, einen natürlichen Impuls zu unterdrücken. Mit Meditationstechniken kann das Kind lernen, eins mit sich selbst zu werden. In jedem Fall sollten Sie Ihrem Kind dabei behilflich sein, Wege für sich zu finden, wie es zur Ruhe kommen kann. Das ist vor allem in Zeiten der permanenten Reizüberflutung sehr wichtig. Denn es sollte nie den Bezug zu sich selbst verlieren. Eventuell ist auch Yoga eine Alternative für Ihr Kind, weil hierbei die Seele, der Geist und der Körper miteinander verbunden werden. Das kann vor allem für das anspruchsvolle Wesen einer hochsensiblen Person erfüllend sein.

Außerdem eignen sich auch Körper- oder Fantasiereisen, um das Gehirn anzuregen. Dabei wird das Kind dazu eingeladen, sich in einem meditativen und entspannten Zustand darüber bewusst zu werden, was es körperlich empfindet. Dadurch kann es einerseits zur Ruhe kommen, andererseits kann es lernen, die Signale seines Körpers genauer wahrzunehmen, da sie Hinweise auf die eigenen Bedürfnisse geben. Bei einer Fantasiereise wird das Kind in einen tiefen Zustand der Entspannung geführt. In diesem kann es sich dann regenerieren oder Informationen aus seinem tiefsten Inneren über sich selbst erhalten. Hierzu gibt es geführte Meditationen, die Sie sich ganz einfach aus dem Internet herunterladen können. Spielen Sie diese Ihrem Kind dann z. B. vor, wenn es einschlafen möchte oder sich innerlich erholen soll.

Des Weiteren sollen Sie auf den Aspekt der digitalen Abstinenz hingewiesen werden. Denn der reichhaltige digitale Konsum kann fatale Auswirkungen auf das Gehirn haben. Das liegt z. B. daran, dass über einen Bildschirm viele visuelle Signale zeitgleich abgegeben werden. Dadurch wird das Gehirn in der Hinsicht enorm beansprucht, als die Aufnahme- und Verarbeitungskapazitäten vollkommen ausgelastet, wenn nicht sogar überlastet werden. Gleichzeitig werden aber die direkten zwischenmenschlichen Kontakte sowie deren nährende Aspekte reduziert. Hierbei spielt auch das Bindungshormon Oxytocin eine wichtige Rolle. Es wird in großen Mengen ausgeschüttet, wenn es direkten Kontakt von Haut zu Haut gibt, kommt aber auch dann zum Einsatz, wenn man jemandem freundlich oder liebevoll begegnet.

Der Zweck liegt darin, dass man ein Verbindungsgefühl zum anderen empfinden soll und sich allgemein in besserer Stimmung wiederfindet. Es ist also wichtig, sich bewusst auch digitale Auszeiten zu gönnen, in denen das Handy ausgeschaltet bleibt, man in die Natur geht, sich für persönliche Gespräche trifft oder ein Buch liest. Dadurch wird das neuronale System zwar ebenfalls beansprucht, aber auf eine Art und Weise, welche nährend und ausgleichend ist. Hinzu kommt, dass sowohl die Natur als auch Bewegung an sich kraftspendend sind und dabei helfen, Stress abzubauen.

Weitere Entspannungsmöglichkeiten ergeben sich aus dem Hören von Musik. Die sogenannten binauralen Beats, welche Frequenzmusik darstellen, können dazu beitragen, die emotionale Stimmung und den emotionalen

Allgemeinzustand zu beeinflussen. Denn wenn zeitgleich zwei unterschiedliche Frequenzen auf das linke und das rechte Ohr gegeben werden, führt dies dazu, dass im Gehirn ebenfalls bestimmte Frequenzen ausgelöst werden. Die Gehirnwellen, die elektromagnetisch produziert werden, spiegeln die jeweiligen emotionalen Zustände wider. Für hochsensible Menschen ist es wichtig, sich im Hier und Jetzt zu befinden, um ganzheitlich entspannen zu können. Das ist sehr schwierig, da Betroffene dazu neigen, sich gedanklich permanent mit der Vergangenheit und der Zukunft auseinanderzusetzen.

Es kann daher sinnvoll sein, zu lernen, das Jetzt als eine Haltung zu begreifen und es nicht ausschließlich als Zeitrahmen zu sehen. Dabei soll das Gedankenkarussell bewusst ziehen gelassen werden, indem man sich klarmacht, dass weder an der Vergangenheit noch an der Zukunft etwas verändert werden kann. Veränderbar ist nur der aktuelle Augenblick. Das klingt natürlich zugegebenermaßen viel einfacher, als es ist. Deshalb gibt es auch viele Schulen, welche sich dieser Lebenshaltung widmen. Man kann aber auch im Kleinen für sich selbst damit beginnen, indem man sich bewusst macht, wo man sich gerade befindet und was man gerade tut. Einfache Übungen hierfür können zum einen in der Achtsamkeit sich selbst und anderen gegenüber gesehen werden.

Weitere Wege wären die Meditation, das bewusste Atmen sowie das Einhalten bewusster Pausen und das bewusste Beobachten des aktuellen Augenblicks. Letzteres kann sowohl in Bezug auf den Raum als auch auf das Empfinden praktiziert werden. Außerdem kann es hilfreich sein, stille Orte aufzusuchen und diese ganz bewusst zu genießen. Wenn man sich mindestens einmal täglich, im Idealfall auch dreimal Zeit nimmt, um innezuhalten und eine der Übungen durchzuführen, kann das beruhigend wirken und das Entspannungslevel allgemein hochsetzen. Gleichzeitig wird die Gefahr der Reizüberflutung gesenkt. Denn wenn der Alltagsfilm angehalten wird und die Gedanken durchbrochen werden, kann man lernen, sich im Hier und Jetzt zu befinden.

In Bezug auf Achtsamkeit muss bewusst innegehalten werden, damit das Hier und Jetzt bewusst mit allen Sinnen wahrgenommen werden kann. Das äußere Geschehen wird angehalten und der Blick wird zugunsten der Entspannung wertfrei und in aller Ruhe nach innen gerichtet.

Das ist vor allem für extravertierte Hochsensible schwierig, weil sie eher trubeliger Natur sind. Bei ihnen kommt schnell Unruhe oder Langeweile auf. Für solche Menschen ist z. B. die Mindfulness-Based Stress Reduction (MBSR) eine beliebte und bekannte Methode.

Nun soll an dieser Stelle auch erklärt werden, weshalb viele Hochsensible bewusst oder unterbewusst gerne Naturorte aufsuchen oder in Kontakt mit Tieren treten. Das liegt einfach daran, dass hiervon ein unersetzlicher Kraftspender und Ruhepol ausgeht. Um zu entspannen, bieten sich Spaziergänge an oder die Pflege eines Gartens. Daneben gibt es auch das sogenannte Waldbaden. Das ist ein Trend, welcher ursprünglich aus Japan kommt. Seine Wirksamkeit ist auch durch etliche Studien belegt. Beim Waldbaden ist es das Ziel, auf achtsame Weise, aber dennoch sehr intensiv in den Wald einzutauchen.

Laut Studien und anderen Untersuchungen ist es wissenschaftlich belegt, dass ein Aufenthalt im Wald Stress abbauen kann. Des Weiteren kann der Blutdruck gesenkt werden und im Menschen selbst stellt sich eine Ruhe ein. Das Gleiche kann passieren, wenn man mit Tieren Kontakt hat, die von der Gattung her individuell zu einem passen. Das liegt daran, dass Tiere in ihrer Kommunikation sehr klar und vor allem auch direkt sind. Damit ist verbunden, dass sie den Menschen nicht manipulieren und diesen falsch verstehen. Jedes Tier reagiert daher immer authentisch auf den Menschen. Dadurch kann es entweder sehr einfach und harmonisch im Miteinander sein oder das Tier macht klar deutlich, dass die Kommunikation des Menschen möglicherweise missverständlich ist.

Mithilfe von Tierkommunikation lässt sich ein solches Verhalten übrigens wunderbar aufschlüsseln. Für hochsensible Menschen kann ein täglicher Spaziergang mit dem eigenen Hund oder eine Schmuseeinheit mit der eigenen Katze sehr entspannend sein. Eine weitere Möglichkeit der körperlichen Entspannung bietet sich in der Ernährung. Diese hat in den letzten Jahren allgemein zunehmend an Bedeutung gewonnen. Bewusste Ernährung rückt immer mehr ins Zentrum und verdrängt Fast Food wie Bratwurst mit Pommes. Stattdessen sind vegetarische oder gar vegane Lebensmittel immer mehr gefragt. Dazu passt auch, dass es immer mehr Ernährungsberater gibt, mit denen auch die Anzahl vorhandener Bioprodukte steigt, die selbst in den klassischen Supermärkten längst Einzug gehalten haben. Gerade für Hochsensible ist eine gesunde Ernährung und Lebensweise besonders essenziell. Das liegt daran, dass nicht nur das neuronale Nervensystem alle Reize hochsensibel verarbeitet, sondern dies der Arbeitsweise des gesamten Organismus entspricht. Somit bilden auch die Aufnahme und die Verdauung von Nahrung einen Prozess, der ebenfalls auf hochsensible Weise vonstattengeht. Deshalb reagiert das hochsensible System viel empfindlicher auf chemische und künstliche Stoffe in den Lebensmitteln. Dementsprechend wird das feinsinnige System umso mehr belastet, je schädlicher die Bestandteile in den Lebensmitteln sind. Wie gut diese zum jeweiligen Nahrungstyp passen, spielt dabei auch eine große Rolle. Hinzu kommt, dass das System hochsensibler Menschen dann auch schneller darauf reagiert, als es das normalsensible tun würde. In Form von Allergien oder sonstigen Unverträglichkeiten kann sich diese Reaktion dann äußern. Eine Ernährung, die sich an der entsprechenden Blutgruppe orientiert, kann dabei sehr empfehlenswert sein, um Überreaktionen zu vermeiden. Des Weiteren spielen Ernährungs- und Verbrennungstypen eine wichtige Rolle.

In Form von asiatischen Bewegungskünsten kann auch ein Weg gefunden werden, welcher zur Entspannung führen kann. Denn diese beruhen auf einer ursprünglichen Verbindung zwischen den drei Komponenten Körper, Geist und Seele.

Da hochsensible Menschen gerne aufgewühlt sind, dienen solche Übungen dazu, sie wieder zu beruhigen. Die Vorteile, welche sich hieraus ergeben, sind, dass die asiatischen Bewegungskünste in jedem Alter und unabhängig vom Gesundheitszustand erlernbar sind. Sie können eine heilende Wirkung haben. So ist z. B. Tai-Chi mit seinen langsamen, fließenden Bewegungen dafür verantwortlich, dass der im Körper gestaute Energiefluss wieder aktiviert wird. Dies wirkt sich dann später positiv auf das seelische und mentale Wohlbefinden aus. Wie bei den meisten asiatischen Bewegungskünsten wird der direkte Körperkontakt zu anderen Menschen auch beim Tai-Chi vermieden. Die Atmung, der Geist und der Körper können so trainiert werden. Das Qigong setzt sich zusammen aus sehr alten Übungen der traditionellen chinesischen Medizin. Auch hierbei geht es um die Arbeit mit Energie, diesmal in Form der bewegten Energiearbeit. Das beruhigt und vitalisiert den Körper und den Geist. Der Name setzt sich aus dem Qi für Lebensenergie und Gong, der beständigen Pflege der Lebensenergie, zusammen. Die Energien in den Bahnen des Körpers, die sogenannten Meridiane, werden aktiviert, wodurch mögliche Blockaden und ein Ungleichgewicht aufgelöst werden können.

Mit am bekanntesten dürfte Ihnen Yoga sein. Das haben die meisten zumindest schon mal gehört. Hierbei geht es ebenfalls um die Kunst, ausgleichende Bewegungen für Seele, Geist und Körper auszuführen, um diese in gegenseitige Harmonie miteinander zu bringen. In Deutschland ist Yoga mittlerweile fester Bestandteil der Krankenkassenprogramme. Es kann auf verschiedene Weisen durchgeführt werden. Es kommen Meditation, Atem- und Körperübungen sowie Tiefenentspannung in Betracht. Wie die anderen asiatischen Bewegungskünste ist auch Yoga für jedes Alter geeignet.

Die meisten der Bewegungskünste wurden aus der Kampfkunst abgeleitet. Das merkt man ihnen aber kaum noch an. Anders ist das bei Aikido. Denn hier ist das Ziel der angewendeten Techniken und Bewegungsformen, physikalische Prinzipien von Gleichgewicht sowie eine Hebelwirkung und eine Ausrichtung zu erzeugen. Es kann auch auf das Training mit einem Holzschwert zurückgegriffen werden.

Allgemein ist es erwiesen, dass Bewegung und Sport Stress abbauen. Dementsprechend sollten Sie Ihrem Kind unbedingt Möglichkeiten hierzu in welcher Form auch immer anbieten. Achten Sie aber unbedingt darauf, dass Ihr Kind dabei Freude empfindet. Ein weiterer Ausbau von Stress sollte zwingend vermieden werden. Denn wenn der Stress, den es hat, abgebaut wird, reduziert sich damit automatisch der Cortisolspiegel im Blut, das besser mit Sauerstoff versorgt wird. Dadurch können auch die Muskeln und Gelenke viel besser arbeiten. Neben den asiatischen Bewegungskünsten bieten sich also auch andere Sportarten an wie etwa Joggen, Radfahren, Walken, Tanzen, Ballsportarten oder Schwimmen. Dennoch sollten Sie beachten, dass Ihr Kind sich schnell langweilen könnte, wenn die sportliche Aktivität ihm nicht genug Komplexität und Vielfältigkeit abverlangt. Das muss bei Hochsensiblen immer berücksichtigt werden. In diesem Kontext müssen Sie aber erst einmal erkennen, was Abwechslung bedeuten könnte. Das beginnt mit unterschiedlichen Bewegungsabläufen und endet mit der Umgebung, in welcher der Sport ausgeführt wird. Hier kann z. B. auch der Wald viel Abwechslung und gleichzeitig Erholung und Entspannung bieten. Dabei gibt es währenddessen auch die Möglichkeit, in der eigenen Welt - also in den eigenen Gedanken - zu versinken. Beim Joggen ist diese Möglichkeit beispielsweise sehr gut gegeben. Praktiziert in der Gruppe, wird es beim Sport auch nicht langweilig, sondern es bleibt vielfältig.

Neben Sport liefern aber auch Wellness und Massagen Entspannung. Es kommen Aqua-Yoga, Zen-Meditationen etc. infrage. Gerade für extravertierte hochsensible Kinder kann das hilfreich sein, sich dieser Methoden zu bedienen. Denn sie spüren sehr häufig nicht, wann ihr Körper erschöpft ist und eine Pause braucht, weil sie stärker vom äußeren Geschehen beansprucht sind, welches sie umgibt.

Vor allem für Hochsensible ist es wichtig, den Stoffwechsel ausgewogen zu halten und dem Körper Erholung und Bewegung zukommen zu lassen. Gerade bei Kindern, die einen sehr umtriebigen Alltag haben, wie es mit der Schule häufig der Fall ist, ist es wichtig, einen Anker zu haben und einfach mal die Seele baumeln lassen zu können. Vergessen Sie nie, dass Ihr Kind als hochsensible Person permanent auf Höchstleistung läuft. Es ist daher nicht weiter verwunderlich, wenn es einen höheren Regenerations- und

Ruhebedarf hat als andere.

Eine stabile Psyche ist neben einem stabilen Körper natürlich das A und O. Denn wenn man als einzelne Person den Herausforderungen der Zukunft voller Elan und energiegeladen begegnen will, müssen Körper und Psyche vital sein. Scheuen Sie sich daher nicht, auch psychologische Hilfe in Anspruch zu nehmen, wenn es um das Wohl Ihres hochsensiblen Kindes geht. Hilfestellungen für den Alltag und eventuell auch in Sachen Bildung sind Angebote, von denen Sie und Ihr Kind nur profitieren können.

Dabei müssen Sie die Begriffe Beratung und Therapie voneinander abgrenzen. Denn bei der Beratung werden keine tiefenpsychologischen Fragen gestellt oder Prozesse bearbeitet. Wenn Ihr Kind ein extravertierter Hochsensibler ist, bei dem die Extravertiertheit bereits zur Belastung für alle wird, kann eine Beratung in der Weise von Vorteil sein, als dass die Fülle an Projekten, welche es verfolgt und die nicht erledigten Aufgaben etc. geordnet werden können.

Bei der Psychotherapie werden hingegen frühere Erfahrungen, welche schmerzvoll waren und es immer noch sind, aufgearbeitet. Das gilt vor allem für solche Erfahrungen, die durch ihre Dimensionen zu psychischen Störungen geführt haben oder gar ein Trauma zurückgelassen haben. Des Weiteren kann im Rahmen einer Psychotherapie aber auch über Themen gesprochen werden, welche pathologisch noch keine Auffälligkeiten zeigen, die betroffene Person aber schon in ihrer Lebensweise und ihrem Lebensgefühl einschränken. Auch hierbei können Sie sich im Bedarfsfall an Ihre Krankenkasse wenden. Um z. B. Phobien und andere Ängste zu behandeln, werden Verhaltenstherapien finanziell unterstützt. Dabei soll erreicht werden, dass die betroffene Person zu einem neuen Verhaltensmuster gelangt und eine andere Denkweise entwickelt.

Eine weitere Leistung, die die Krankenkassen unterstützen, ist die Psychoanalyse. Mit dieser ältesten Behandlungsmethode psychotherapeutischer Art, die noch auf Freud zurückgeht, haben Sie eine Methode, die mehrfach weiterentwickelt und modifiziert wurde. Dabei geht es darum, in

Form von häufigen Zusammentreffen eine intensive emotionale Beziehung zum Psychotherapeuten aufzubauen. Die Sitzungen finden zwei- bis dreimal in der Woche statt. Aufgrund der intensiven Beziehung zum Therapeuten soll es dem Patienten möglich sein, sich der Konflikte und tiefen Verletzungen, welche in ihm schlummern, bewusst zu werden. Außerdem gibt es auch noch die Gesprächstherapie. Diese, von Carl Rogers ins Leben gerufene Therapieform verfolgt das Ziel, dass Patient und Therapeut mit einer empathischen Haltung auf Augenhöhe kommunizieren. Dabei soll der Patient als Experte für sein eigenes Problem betrachtet werden und durch den Dialog ein eigenes Lösungsmuster entwickeln. Bei den systemischen Therapieansätzen liegt der Schwerpunkt auf dem den Patienten umgebenden System sowie seinen sozialen Kontakten. Hierzu zählen die Familie und das schulische/berufliche Umfeld. Die Probleme des Patienten werden so begriffen, dass sie aus der Dynamik des ihn umgebenden Systems heraus entstanden sind. Deshalb können sie auch nur mit Betrachtung dieses Systems wieder gelöst werden. Die Anwendung dieser Therapieform findet meist in Form einer Familientherapie statt.

Ein weiterer Aspekt zum Thema Psychohygiene ist die Selbstreflexion. Darüber hinaus gibt es zahlreiche Verfahren therapeutischer Art, welche in Kombination mit integrativen Methoden nur in Ausnahmefällen von der Krankenkasse übernommen werden. Dennoch sind viele dieser Therapieformen sehr hilfreich und spannend. Ihre Anwendung kann auch ohne diagnostizierte Störung stattfinden. Denn fernab des weit verbreiteten Irrglaubens, dass nur psychisch gestörte Menschen eine Therapie benötigen, können auch solche ohne Krankheitsbild davon profitieren.

Für hochsensible Menschen gibt es leider nach wie vor ungenügend von den Krankenkassen zugelassene Psychotherapeuten. Deshalb bietet es sich an, an dieser Stelle zweigleisig zu fahren, indem sowohl ein Berater als auch ein Psychotherapeut aufgesucht werden. Der Berater kann auch durch einen Coach ersetzt werden, der sich auf das Themengebiet der Hochsensibilität spezialisiert hat. Selbstverständlich wäre es sinnvoll und durchaus von Vorteil, beide Komponenten vereint in einer Person zu finden. Dennoch ist das zumeist nicht überall möglich.

Das Coaching könnte Ihnen vielleicht auch als Methode bekannt sein, welche häufig in der Berufswelt Anwendung findet. Hierbei werden entweder Führungskräfte oder Organisations- und Veränderungs-Prozesse begleitet. Im psychosozialen Kontext findet der Begriff des Coachings aber zwischenzeitlich immer häufiger Anwendung, denn er kann als Bindeglied zwischen Therapie und Beratung gesehen werden. Je nach Ansicht können die Grenzen zwischen Therapie, Coaching und Beratung fließender oder stärker ausgestaltet werden. Der Coach kann als eine Art innerer Meister des Menschen, den er betreut, betrachtet werden. Ein solcher sollte im Idealfall in Form eines Gurus dem Menschen Erkenntnisse über sich selbst vermitteln, die dieser so und ohne fremde Hilfe nie erlangt hätte. So gesehen kann das Wort Coach als eine Art moderner Begriff für Guru gesehen werden. Denn ein Coach hat die Aufgabe, denjenigen, die er betreut, das Menschliche in sich selbst zu vermitteln und sie damit auf diese Art und Weise zu Einsichten zu bewegen.

Damit gemeint sind das Begreifen und Nachvollziehen innerer Zusammenhänge, die weit in die Tiefe gehen und das Faktische überschreiten. Hochsensible gehören häufig auch schon im Kindesalter zu denjenigen Menschen, welche sich intensiv mit der Frage nach dem Sinn des Lebens auseinandersetzen.

Für solche Menschen ist ein Coaching eine wunderbare Alternative zur Beratung und Therapie oder kann eine Ergänzung darstellen. Das gilt insbesondere für extravertierte Hochsensible. Denn sie haben hierdurch die Möglichkeit, eine Selbstreflexion zu betreiben, die dahingehend sehr effektiv sein kann, als ihnen dabei geholfen wird, ihre Veranlagung, sich selbst und die Integration dessen in ihren Lebensstil zu entwickeln.

Um die Psyche zu entlasten, um nicht eher zu sagen, zu unterstützen, bietet sich Heilpraktik an. Heilpraktiker befassen sich nämlich mit verschiedensten sanften und alternativen Methoden zur Heilung. Das kann von der Akupunktur über die Kräuterkunde und die Homöopathie bis hin zur Chiropraktik und Bach-Blüten-Therapie reichen. Das Wissen aus Fernost, welches Jahrtausende alt ist, fließt zusätzlich mehr und mehr in das Wissen der Heilkunde in Europa ein. Bei seelischen und körperlichen Leiden und Schmerzen kann die Heilpraktik gleichermaßen zum Einsatz kommen. Das ist nur möglich, da sie einen holistischen Ansatz verfolgt, welcher den Geist, die Seele und den Körper als eine Einheit sieht. Die Methoden, die bei der betroffenen Person angewendet werden, hängen stark vom ausgewählten Heilpraktiker ab. Bei hochsensiblen Personen empfiehlt es sich, wenn sanfte Medizin Anwendung findet. Denn wie Sie bereits wissen, ist der Organismus Hochsensibler sehr feinfühlig und dementsprechend empfänglich und auch empfindlich gegenüber sämtlichen Inhaltsstoffen. Wenn diese zu grobstofflich oder zu intensiv sind, kann dies zu Schwierigkeiten im hochsensiblen System führen.

Vielleicht kann deshalb auch für Ihr Kind der Besuch beim Heilpraktiker eine Alternative sein, wenn es darum geht, wiederkehrende Kopfschmerzen und Verdauungsprobleme etc. zu behandeln. Vom Heilpraktiker können Sie auch eine Notfallapotheke genannt bekommen, mit der Sie Ihrem Kind mit konkreten Mitteln und zahlreichen Methoden weiterhelfen können. Das gilt sowohl für physische als auch psychische Belange, die so sanft behandelt werden können. Heilpraktiker sind auch dann zu empfehlen, wenn schulmedizinisch keine Verbesserung erzielt werden kann.

Vergessen Sie nie, wie wichtig die Themen Selbstwert und Selbstakzeptanz für Ihr hochsensibles Kind sind. Fragen Sie sich, warum es Menschen und insbesondere Ihrem hochsensiblen Kind so leichtfällt, anderen Gutes zu tun, dies aber bei sich selbst zur unüberwindbaren Hürde wird. Zum einen kann das daran liegen, dass andere aufbauendes und positives Feedback geben, wenn ihnen geholfen wird. Sich selbst gibt man dieses aber zumeist weniger bis gar nicht. Bei Hochsensiblen kommt hinzu, dass sie bereits in ihrer frühsten Kindheit die Erfahrung machen, entsprechend ihrer Art nicht wahrgenommen und gesehen zu werden.

Dies gilt ebenso für ein respektvolles Miteinander. Denn viele

Hochsensible werden von anderen weder respektiert noch unterstützt. Bei einem hochsensiblen Kind führt ein solcher Umgang seitens anderer Personen immer dazu, dass es in allererster Linie sich und seine eigene Person hinterfragt und infrage stellt und das verletzende Gegenüber zuallerletzt. Wenn ein solcher Umgang über längere Zeit erfolgt oder oft vorkommt, führt dies dazu, dass das hochsensible Kind entweder kein genügendes Selbstwertgefühl ausbildet oder das bereits vorhandene massiv untergraben wird. Werden solche Kinder dann erwachsen, mangelt es ihnen entsprechend an der nötigen Selbstakzeptanz. Sollten Sie die Vermutung haben, dass das Selbstwertgefühl Ihres Kindes leidet, sollten Sie nicht zögern und entsprechende Hilfe hinzuziehen.

Gleiches gilt für das Thema Stressbewältigung. Hierbei kann erstmals die körperliche Stabilität geklärt werden. Denn wer z. B. jahrelang in den falschen Schuhen gelebt hat, wird auch körperliche Defizite davongetragen haben. Denn eine solche Lebensweise raubt Betroffenen Unmengen an Ressourcen und Kraft. Das muss nach Möglichkeit ausgeglichen werden, bevor zum Aspekt der psychischen Stabilisierung übergegangen wird.

Halten Sie Ihr Kind dazu an, sich selbst zu beobachten. Denn wenn man sich selbst wertfrei beobachtet und dabei vor allem auf Bedürfnisse, Handlungen und Empfindungen achtet, können die hieraus gewonnenen Erkenntnisse schon einiges verändern. Wichtig ist es aber, wirklich wertfrei zu bleiben. Die menschliche Entwicklung strebt danach, Bewusstsein wachsen zu lassen. Dementsprechend wird es auch künftig immer wichtiger werden, Zeit mit sich selbst zu verbringen. Das mag vielleicht schwierig, seltsam und ungewohnt wirken und kann durchaus dazu führen, dass man sich einsam fühlt.

Deshalb sollte diese Zeit als eine Art Rekonvaleszenz wahrgenommen werden, also als eine innere Reinigung und Anpassung der Lebensweise an den eventuell verlorengegangenen Lebensplan. Auch hierbei kann Coaching wieder sehr behilflich sein und dasselbe gilt für Psychotherapien. Wenn diese Instrumente genutzt werden, können sie Ihrem Kind dabei helfen, hinter die Fassaden seines Bewusstseins und seiner Geschichte zu blicken oder sein Bewusstsein über das Menschsein zu erweitern.

Insbesondere für einen hochsensiblen Menschen ist es mehr als essenziell zu lernen, sich selbst gelegentlich etwas Gutes zu tun. Dabei gilt es zu begreifen, dass man es sich selbst wert sein muss. Das Thema Stressbewältigung kommt vor allem bei extravertierten Hochsensiblen immer wieder auf. Denn diese Kombination ist von Natur aus sehr herausfordernd. Sie wissen bereits, wodurch und warum dies so ist. Dementsprechend haben Sie auch gelernt, dass ein Leben als extravertierter hochsensibler Mensch automatisch Stress erzeugt. Dieser lässt sich auch nicht einfach mit Sport oder einer abendlichen Meditation abstellen. Dennoch gibt es auch hier für Betroffene hilfreiche Methoden, die der effektiven Stressreduzierung im Körper dienen. Zum einen gibt es das Eye Movement Desentization and Reprocessing, welches von der amerikanischen Psychologin Shapiro entwickelt wurde. Hierbei ist das Ziel, Traumafolgestörungen zu behandeln. Dabei macht sich das EMDR die direkte Verbindung zwischen Augen und Gehirn zunutze. Mithilfe spezieller Augenbewegungen werden neuronal festsitzende Speicherungen der Traumata gelöst. Im psychotherapeutischen Prozess wird diese Methode mittlerweile auch von den Krankenkassen finanziell bezuschusst oder ganz übernommen.

Das ROMPC bzw. Relationship Oriented Meridian based Psychotherapy, Coaching and Councelling arbeitet sehr ähnlich zum EMDR. Hier wird mit den Stressinformationen gearbeitet, welche neuronal gespeichert wurden, weil Trauma-Erfahrungen vorliegen. Neben den Augenbewegungen werden bei dieser Therapieform noch Klopfpunkte aus der EFT-Technik kombiniert sowie Elemente und Affirmationen aus der Transaktionsanalyse. Es handelt sich also um eine integrative Methode, welche den zentralen Blick auf die schmerzhaften Erfahrungen bezüglich Beziehungen des Patienten richtet. Außerdem soll der Aufbau einer positiven Beziehung erreicht werden, indem während der Behandlung an der Beziehung zwischen Patienten und Behandler gearbeitet wird. Das Motto dieses Ansatzes lautet also: Wer durch Beziehungen krank geworden ist, soll durch ebendiese auch wieder zur Gesundheit kommen.

Bei der Mindfulness Based Stress Reduction, kurz MBSR, geht es um die Stressbewältigung mithilfe von Achtsamkeit. Diese ist der Schlüsselpunkt der Methode. Es wird dabei angesetzt, dass der Organismus in Stress gerät, wenn er zu lange oder zu oft in einem Aktivitätsmodus gehalten wird. Wenn dieses Hamsterrad auf einmal abrupt angehalten oder gestoppt wird, kann sich der Organismus endlich wieder erholen und der aufgebaute Stress reduziert sich. Mithilfe von Achtsamkeit kann ein solcher Prozess ganz gezielt angeregt werden.

Es gibt noch einige weitere Methoden zur Stressreduktion. Z. B. ist es wichtig und durchaus existenziell zu lernen, sich zu entspannen. Dies kann mit progressiven Muskelentspannungen, autogenem Training, Atemtechniken etc. geschehen. Des Weiteren kann durch Fühlen und Denken erkannt werden, welche Gedanken Stress auslösen. Diese müssen dann ganz bewusst in positive Bahnen gelenkt werden. Wenn Sie weitere Anregungen oder Tipps brauchen, befragen Sie am besten einen Experten oder das Internet.

Ebenfalls nicht zu vernachlässigen ist das Thema der Spiritualität. Denn diese spielt vor allem bei Hochsensiblen eine sehr wichtige Rolle. Das lateinische Wort „spiritus“ steht für die Seele, den Atem, den Geist oder den Sinn. Somit beinhaltet die Spiritualität die tiefe Suche nach dem Sinn des Lebens und des Seins. Es handelt sich also um eine Bewusstseins-Disziplin. Unter Hochsensiblen gibt es proportional viel mehr spirituell ausgerichtete Menschen als unter den Normalsensiblen. Dafür gibt es zwei Gründe. Zum einen gestattet es ihnen die Feinfühligkeit der Hochsensiblen, dass sie viel feinere energetische Schwingungen wahrnehmen als alle anderen. Sie können sozusagen zwischen den Zeilen lesen.

Zudem sind ihre Antennen sind auf Feinstofflichkeit programmiert und ausgerichtet. Auch hieran liegt es, dass so viele hochsensible Menschen unter der grobstofflichen Zeit leiden, in welcher wir leben. Denn mit Feinstofflichkeit sind Schwingungen und Stimmungen gemeint, die jenseits der äußeren Merkmale wahrgenommen werden. Dementsprechend haben Hochsensible ein ganz besonderes Gespür für Gerechtigkeit und Harmonie, Authentizität und Ehrlichkeit. Zum anderen haben viele Hochsensible - um nicht zu sagen, die meisten - ein ausgeprägtes Interesse an ihrem inneren Wachstum. Deshalb sind sie von vorneherein viel offener für spirituelle Inhalte. Das hat schon die Entdeckerin der Hochsensibilität in Studien und Interviews festgestellt. Bei Hochsensiblen ist der Wunsch nach Bewusstseinserweiterung und persönlicher Entwicklung bereits im Kindesalter zumeist sehr stark ausgeprägt. Denn neben dem Materiellen ist die Spiritualität die zweite Seite der Realität, in welcher wir uns befinden. Hochsensible bringen bereits die besten Voraussetzungen dafür mit, in diesem Bereich als Motivator oder Vorreiter für andere zu agieren.

Sie können Ihrem hochsensiblen Kind auch helfen, indem Sie Kontakte zu gleichgearteten Hochsensiblen aufbauen. Denn ein extravertierter, agiler hochsensibler Mensch fällt zeitweise in der Umgebung von Normalsensiblen gar nicht auf. Das endet aber schlagartig, wenn er an dem Punkt der Reizüberflutung angekommen ist und dieser Zustand plötzlich aus dem Nichts zuschlägt. Dann ist er gereizt, unwillig und kann nur wieder entspannen, indem er sich zurückzieht. An einer solchen Stelle kann das Zusammensein mit Normalsensiblen nicht mehr ertragen werden und es kann helfen, sich mit Gleichgesinnten auszutauschen. Denn wie alle Menschen sind auch Hochsensible auf das Verständnis von anderen angewiesen, die das Gleiche schon erlebt haben.

Begeben Sie sich als Eltern zusammen mit Ihrem Kind aktiv auf die Suche nach solchen Menschen. Hierfür können auch Internetplattformen und Foren nützlich sein. Manche deutsche Städte haben auch Gesprächskreise oder Gruppen Hochsensibler. Am besten hören Sie sich mal um und recherchieren, bevor Sie dann gemeinsam mit Ihrem Kind dasjenige Medium wählen, welches zu ihm passt. Aufgrund der Corona-Pandemie haben sich seit 2020 auch die Online-Angebote, welche hochsensiblen Menschen zur Verfügung stehen, gesteigert. Sollten Sie in der näheren Umgebung keine Angebote finden, können Sie auch selbst einen Gesprächskreis begründen, falls Sie lieber persönliche Kontakte herstellen möchten. Mit Sicherheit werden Sie dann auch einige Hochsensible finden, die an einem Austausch interessiert sind. Hierzu können Sie sich auch bei YouTube umsehen. Suchen Sie einfach nach Videos zur Gründung von offenen Treffen und Gesprächskreisen von Cordula Römer.

Vielleicht kennen Sie das ja auch von Ihrem Kind, dass es sich in der Schule oft langweilt, es schwierig findet, mit anderen zusammenzuarbeiten und am liebsten ständig die Schule wechseln würde. Das kann sich dann später auch im Beruf fortsetzen und zum Jobhopping führen. Abgestellt werden kann diese Eigenschaft nur dadurch, dass der Betroffene sich selbst über die Bedürfnisse, die mit seiner Veranlagung einhergehen, bewusst wird. Gleiches gilt für die damit verbundenen Möglichkeiten und Chancen. Denn nur so können für das Kind unstimmige Bedingungen geändert werden. Im Alltag müssen Wege gefunden werden, die gangbar sind. Das muss insofern erfolgen, als nur Dinge geändert werden, die geändert werden können, und das, was nicht geändert werden kann, zu lassen, wie es ist. Die Kunst besteht dann darin, zu akzeptieren, dass viele Dinge nun mal sind, wie sie sind.

Das fällt vor allem Hochsensiblen außerordentlich schwer. Dementsprechend kann es helfen, als Hochsensibler die eigene Sichtweise zu verändern. Denn wie Sie bereits wissen, stellt die grobstoffliche Welt eine große Herausforderung für Hochsensible dar. Hinzu kommt die immer größer werdende Spaltung der Gesellschaft. Menschen, die in alten Strukturen verharren und deshalb mit ihren wenig sensiblen Umgangsformen und Strukturen so schwer auszuhalten für Hochsensible sind, stellen für diese ein wahres Gift dar. Legen Sie Ihrem Kind daher nahe, sich von ebendiesen Menschen zu distanzieren und so fern wie möglich zu halten. Stattdessen sollte es diejenigen Menschen suchen, die bereit sind, neue Wege zu beschreiten, die sich von der Ellbogenmentalität verabschieden und sich auf ein achtsames und respektvolles Miteinander ausrichten.

Denn dort ist ein hochsensibler Mensch gut aufgehoben. Hochsensible sind so respektvoll, wertschätzend und aufmerksam im Umgang mit anderen, dass sie eine gleiche Behandlung im Umkehrschluss auch verdient haben. Sie brauchen sich also nicht weiter mit Füßen treten lassen und darüber nachdenken, welchen Fehler sie begangen haben, der zu diesem Umgang mit ihnen führt. Stattdessen sollten sie den Blick darauf richten, dass Menschen mit solchen Umgangsformen es schlicht nicht wert sind, Aufmerksamkeit von ihnen zu bekommen, und das gilt auch für jeden Gedanken, der an sie verschwendet wird.

Stattdessen sollte Ihr hochsensibles Kind damit beginnen, sich mit anderen Menschen, die es gut behandeln, geistig zu verbinden. Neben der Selbsterkundung kann das Einbringen von kreativem, sensiblem Knowhow vieles verändern. In seinem späteren Leben kann Ihr Kind sich auch zunehmend für eine sensiblere Berufswelt einsetzen.

Sollte Ihr Kind dazu neigen, viele Projekte gleichzeitig verfolgen zu wollen, kann es helfen, wenn es Projektbücher beginnt. Es kann damit anfangen, dass Sie Ihrem Kind ein Buch besorgen, welches dieses gerne anfasst und ansieht. Für jedes große Projekt benötigt das Kind ein eigenes Buch. Statt einer To-do-Liste werden täglich Punkte eingetragen, die gemacht wurden. Außerdem werden Entdeckungen, Ideen und Erkenntnisse sowie Skizzen oder Zeichnungen hinzugefügt. Alles, was Teil des Projekts ist, kann eingeklebt werden, so auch Ausschnitte aus Zeitschriften und Zeitungen. Das hilft Ihrem Kind enorm, weil es sich allein durch die Tatsache, dass es sich schriftlich mit seinen Gedanken auseinandersetzt, hinsichtlich seiner Wahrnehmung gegenüber sich selbst in positiver Art und Weise verändert, denn der Selbstwert steigt.

Gerade dann, wenn Ihr Kind eine Scanner-Persönlichkeit haben sollte und deshalb dazu neigt, sprunghaft zu sein, kann es mit dieser Methode lernen, seine Inspirationen und Gedanken zu ordnen und zu erfahren, wie sein Kopf funktioniert. Des Weiteren kann es sich darüber im Klaren werden, welche tieferen Zusammenhänge zwischen all den niedergeschriebenen Dingen möglicherweise bestehen.

Vielseitig interessierte Hochsensible können von für sie passenden Organisationssystemen profitieren. Denn unter Umständen verzetteln diese Menschen sich leicht. Auch hierfür kann sich die Nutzung der Projekt-Tagebücher durchaus anbieten. Aber auch in den alltäglichen Dingen gibt es Instrumente, welcher sich Hochsensible bedienen können. Dazu zählt ein gutes Zeitmanagement. Es gibt zahlreiche Möglichkeiten, zu einem guten Zeitmanagement zu gelangen. Es ist deshalb wichtig, eines zu wählen, welches gut zu Ihrem Kind passt und auch zu dessen Bedürfnissen sowie Lebensumständen. Hierbei kann auch experimentiert werden, um die für Ihr Kind passendste Lösung zu finden. Mit einem guten Zeitmanagement wird es effektiver arbeiten können. Des Weiteren kann es sich dadurch Arbeit ersparen und mehr Gelassenheit und Ruhe erlangen, indem es für sich überschaubare Strukturen schafft. Es kann sich anbieten, Ordnersysteme anzulegen. Das geht sowohl haptisch als auch digital. Einige Menschen neigen dazu, Unterlagen etc. in Kartons verschwinden zu lassen, weil sie einfach nie gelernt haben, wie ein gut funktionierendes Ordnersystem angelegt wird.

Besonders für Kinder mit vielen Aktivitäten und Interessen ist es unerlässlich, ein Ordnersystem zu haben, welches gut funktioniert. Außerdem bedarf es dann an To-do-Listen. Denn vor allem, wenn es viele Termine und Aufgaben zu planen gibt, kann so der Überblick behalten werden, was noch alles ansteht und in welcher Reihenfolge es erledigt werden sollte. Diese können auch im Rahmen eines Terminkalenders eingetragen und geplant werden.

Als Normalsensibler wissen Sie nun, dass Ihr Kind sich vermutlich einige Termine mehr merken kann, als Sie es könnten. Halten Sie es dennoch dazu an, sich nur so viele Termine vorzunehmen, wie sie mit einem normal ausgeprägten Erinnerungsvermögen innerhalb einer Woche im Kopf behalten werden könnten, ohne dafür einen Merkzettel zu benötigen. Denn das ist die gesunde Kapazität, über die jeder verfügt. Alles, was darüber hinausgeht, sorgt für unnötigen Stress, der vermieden werden sollte.

Vor allem dann, wenn sich Ihr hochsensibles Kind als Scanner-Persönlichkeit entpuppen sollte, können Sie es wahrscheinlich nicht vermeiden, dass es viele verschiedene Tätigkeiten und Interessen gleichzeitig verfolgen will. Hierbei sollten Sie auch immer die spätere Berufswahl im Blick behalten, denn Scanner legen sich ungern nur auf einen Beruf fest, sondern wollen auch hierbei viel Abwechslung und Spaß empfinden.

Um die Vielfältigkeit seiner Persönlichkeit auf konstruktive Art und Weise in das Leben Ihres Kindes zu integrieren, sollten einmal alle Aktivitäten, Erfahrungen, Wünsche und Ausbildungen notiert werden. Das bietet sich vor allem bei Kindern an, die kurz vor der Berufswahl stehen. Denn dann können Sie sich gemeinsam anschauen, wie diese Kompetenzen und Interessen in verschiedene Lebensbereiche und Berufsfelder passen könnten. Hierbei können Sie auch visionär vorgehen und verschiedene Interessen miteinander verbinden. In jedem Fall sollten Sie als Eltern Ihr Kind darin bestärken, seine Vielfältigkeit zu akzeptieren.

Halten Sie Ihr Kind stets dazu an, sich zu beobachten, sich mit Gleichaltrigen auszutauschen und herauszufinden, was es braucht, um glücklich zu sein. Mit den Hintergrundinformationen dieses Ratgebers sollten Sie in jedem Fall mehr Kenntnis zum Thema Hochsensibilität insbesondere bei Kindern erlangt haben. Lassen Sie dennoch Ihr Kind der Experte seines Lebens sein.

Unterstützen Sie es dabei, sich selbst wertschätzend zu behandeln und sich in Umgebungen zu begeben, welche zu ihm passen. Denn je stabiler das psychische System und physische System sind, desto besser kann das Kind mit unangenehmen Umständen umgehen.

Bestärken Sie es stets darin, seine Andersartigkeit zu leben und auch offen zu zeigen. Das erfordert sehr viel Mut, kann aber andere Hochsensible dazu ermutigen, sich ebenfalls zu enttarnen.

Sind auch Sie hochsensibel? Testen Sie sich

Anhand der folgenden Fragen von Elaine Aron erhalten Sie einen Eindruck, ob Sie eventuell selbst auch hochsensibel sind und das bisher noch gar nicht wussten. Allerdings stellen sie nur eine Tendenz bezüglich Ihrer Neigung dar, eine hochsensible Person zu sein. Der Test kann Ihnen aber auch dabei helfen, mehr über Ihre eigenen Bedürfnisse sowie Ihre Gaben und Grenzen zu erfahren. Wenn Sie den Fragebogen von einer vertrauten Person zusätzlich zur eigenen Bearbeitung ausfüllen lassen, können Sie ein Selbstbild mit einem Fremdbild abgleichen, was wiederum noch mehr Aufschluss über Sie selbst geben sollte. Alle Fragen sind mit „ja" oder „nein" zügig zu beantworten.

1. Haben Sie meistens viele Ideen?

2. Sind Sie vielseitig interessiert?

3. Sind Sie begeisterungsfähig?

4. Begeistern Sie gerne andere Menschen von dem, was Sie interessiert?

5. Langweilen Sie sich in manchen Gesprächen sehr schnell?

6. Erkunden Sie gerne neue, Ihnen unbekannte Orte und Bereiche?

7. Üben Sie gerne einen aufregenden Sport aus und stellen dabei sicher, dass Ihnen nichts passiert?

8. Sind Sie perfektionistisch?

9. Sind Sie häufig mit Ihrer Leistung unzufrieden?

10. Neigen Sie dazu, ungewöhnliche Lösungen zu entwickeln?

11. Sind Sie in Teams oder Gruppen meistens der Vordenker?

12. Sind Sie häufig der Macher in der Gruppe, wenn es z. B. darum geht, ein Protokoll zu schreiben?

13. Werden Sie unruhig, wenn Sie zu lange zu Hause sind?
14. Sind Sie eher der visionäre Typ als der traditionelle?
15. Wird Ihnen schnell langweilig?
16. Können Sie sich oft nicht entscheiden, ob Sie aktiv sein oder sich ausruhen sollen?
17. Kommt es immer mal wieder vor, dass Sie schlagartig von jetzt auf gleich erschöpft sind?
18. Hatten Sie bereits ein Burnout?
19. Haben Sie viele Selbstzweifel?
20. Sind Sie gerne unter Menschen, doch es wird Ihnen schnell zu viel?
21. Stellen Sie Ihre eigenen Bedürfnisse meist hinten an?
22. Möchten Sie etwas, wenn es Ihnen als etwas Ungewöhnliches auffällt, gerne erkunden oder ausprobieren?
23. Warten Sie ungerne, wenn Sie währenddessen nichts zu tun haben, wie beispielsweise ein Buch zu lesen?
24. Empfinden andere Menschen Sie oft als zu schnell oder zu anstrengend?
25. Verbringen Sie ungern jeden Tag mit den gleichen Leuten?
26. Bezeichnen Ihre Freunde Sie als spontan oder sprunghaft?
27. Vermeiden Sie Alltagsroutinen, wenn möglich?
28. Haben Sie ein großes Harmoniebedürfnis?
29. Sind Sie eher ein Forscher als ein Routinier?
30. Neigen Sie dazu, eher Ihrer aktiven als der ruhigen und introvertierten Seite den Vorrang zu geben?
31. Handeln Sie vor lauter Begeisterung gerne auch schon mal überstürzt?
32. Können Kunst und ästhetische Momente Ihnen intensive Erlebnisse

verschaffen?

33. Mögen Sie Menschen, die es verstehen, Sie zu überraschen?

34. Würden Sie Medikamente mit bewusstseinsverändernder Wirkung oder Drogen nehmen, wenn Sie sichergehen könnten, dass dieser Konsum keinerlei negative Auswirkungen auf Sie hätte?

Wenn Sie mindestens die Hälfte dieser Fragen mit „ja" beantworten können, sind Sie mit hoher Wahrscheinlichkeit hochsensibel. Sie können dem nun weiter nachgehen und herausfinden, ob Sie tatsächlich hochsensibel sind, wenn Sie einen weiteren Fragebogen beantworten, den Cordula Römer in Ergänzung zu den Fragen von Elaine Aron erstellt hat.

1. Brauchen Sie in regelmäßigen Abständen einen Adrenalinkick in Form von risikoreichen Sportarten, Spekulationen an der Börse oder heftigen Streits etc.?

Wenn ja, brauchen Sie das täglich, mehrmals pro Woche, einmal wöchentlich, oder nur ein- bis zweimal im Monat?

2. Gehen Sie durchaus auch mal ein unkalkulierbares Risiko ein, wenn Sie nach einem Adrenalinkick streben? Also in Form von Nichtnachdenken über die möglichen Konsequenzen Ihres Handelns?

Wenn ja, machen Sie das dann nur manchmal, häufiger oder gar ständig?

3. Gehen Sie ein kalkulierbares Risiko im Sinne von „erst abschätzen, dann handeln" ein, wenn Sie nach einem Adrenalinkick streben?

Wenn ja, machen Sie das dann manchmal, häufiger oder gar ständig?

4. Brauchen Sie geistig stark anregende Kontakte zu anderen Menschen?

Wenn ja, brauchen Sie das dann täglich, mehrmals pro Woche, einmal die Woche, ein- bis zweimal im Monat oder seltener?

5. Brauchen Sie Zeit für sich selbst, ohne Kontakt zu anderen Menschen?

Wenn ja, brauchen Sie das dann täglich, mehrmals pro Woche, einmal die Woche, ein- bis zweimal im Monat oder seltener?

6. Lieben Sie geistige Anregung und das Sammeln neuer Informationen?

Wenn ja, lieben Sie das dann manchmal, häufiger oder gar ständig?

7. Scannen Sie Ihre Umgebung, weil Sie einfach nicht anders können und weil Sie wissen wollen, was vor sich geht und passiert? Oder weil Sie Angst haben und sich damit zu schützen versuchen?

8. Was machen Sie, wenn Ihnen langweilig ist? Suchen Sie dann Abwechslung, indem Sie nach außen schauen, oder suchen Sie Kontakt zu sich selbst und werden z. B. kreativ und gestalten etwas? Oder bleiben Sie passiv und langweilen sich weiter? Lesen Sie vielleicht, nehmen Sie Kontakt zu Ihren Freunden auf oder hören Sie Musik?

Wenn Sie sich auch in einigen dieser Fragen wiedererkennen können, können Sie sowohl hochsensibel sein als auch zur Untergruppe der High Sensitive Seeker gehören. Nehmen Sie in jedem Fall Ihre eigenen Wahrnehmungen in Ihrem Alltag sehr ernst. Hadern Sie nicht mit Ihren Wesenszügen, sondern versuchen Sie, deren Hintergründe zu verstehen.

Sollten Sie tatsächlich hochsensibel sein, hat Ihnen dieser Ratgeber ja einige Übungen aufgezeigt, anhand derer auch Sie Ihren Alltag für sich erleichtern können.

Wir danken Ihnen für Ihr Interesse und Ihr Vertrauen. Als Dankeschön dafür, haben wir eine besondere Überraschung. Wir haben **Fünf Kurzgeschichten für Hochsensible Kinder, die zu mehr Selbstbewusstsein verhelfen**. Und diese erhalten Sie vollkommen kostenlos. Das klingt wunderbar? Dann warten Sie nicht lange und holen Sie sich Ihr Gratis-Geschenk.

Hier geht es zu Ihrem Gratis-Geschenk:

https://forms.gle/ySy2rYMPwV7bmbbN9

1. **Öffnen Sie die Kamera-App auf Ihrem Smartphone und richten Sie die Kamera auf den QR-Code.**
2. **Klicken Sie auf den Link, der Ihnen angezeigt wird und schon werden Sie zur Website weitergeleitet.**

Impressum

Herausgeber: Pegoa Global Media GmbH / Am Sandtorkai 27 / 20457 Hamburg
Kontakt: kontakt@pegoamedia.de
Coverbild: Shutterstock

Haftungsausschluss:
Die Nutzung dieses Buches und die Umsetzung der enthaltenen Informationen, Anleitungen und Strategien erfolgt auf eigenes Risiko. Der Autor kann für etwaige Schäden jeglicher Art aus keinem Rechtsgrund eine Haftung übernehmen. Haftungsansprüche gegen den Autor für Schäden materieller oder ideeller Art, die durch die Nutzung oder Nichtnutzung der Informationen bzw. durch die Nutzung fehlerhafter und/oder unvollständiger Informationen verursacht wurden, sind grundsätzlich ausgeschlossen. Rechts- und Schadenersatzansprüche sind daher ausgeschlossen. Dieses Werk wurde sorgfältig erarbeitet und niedergeschrieben. Der Autor übernimmt jedoch keinerlei Gewähr für die Aktualität, Vollständigkeit und Qualität der Informationen. Druckfehler und Falschinformationen können nicht vollständig ausgeschlossen werden. Es kann keine juristische Verantwortung sowie Haftung in irgendeiner Form für fehlerhafte Angaben vom Autor übernommen werden. Die bereitgestellten Analysen, Vorschläge, Ideen, Meinungen, Kommentare und Texte sind ausschließlich zur Information bestimmt und können ein individuelles Beratungsgespräch nicht ersetzen. Alle Informationen dieses Buches entsprechen dem Kenntnisstand zum Zeitpunkt des Verfassens dieses Buches. Eine Haftung für mittelbare und unmittelbare Folgen aus den Informationen dieses Buches ist somit ausgeschlossen.
Informieren Sie sich weitläufig aus unterschiedlichen Quellen und bedenken Sie, dass am Ende nur Sie für die Entscheidungen verantwortlich sind.

Urheberrecht:

Haftung für externe Links:
Unser Angebot enthält Links zu externen Websites Dritter, auf deren Inhalte wir keinen Einfluss haben. Deshalb können wir für diese fremden Inhalte auch keine Gewähr übernehmen. Für die Inhalte der verlinkten Seiten ist stets der jeweilige Anbieter oder Betreiber der Seiten verantwortlich. Die verlinkten Seiten wurden zum Zeitpunkt der Verlinkung auf mögliche Rechtsverstöße überprüft. Rechtswidrige Inhalte waren zum Zeit-punkt der Verlinkung nicht erkennbar.